OQUENÃODITO

poesias, crônicas e rabiscos

Samara Fernandes

O que não digo, escrevo
o não-dito reverbera em algum lugar
e embora não pronunciado
Faz-se presente, nem que seja em forma de
dor,
sintoma
repetição
invenção
Neste fragmento de ditos escritos há diferentes movimentos e ao final um corte
Para que outros começos e avessos existam.

SAMARA FERNANDES

CONTENTS

Title Page
Epigraph
About The Author   162

Oquenãodito - Poesias, Crônicas E Rabiscos

Samara Fernandes

Apresentação - Primeiras Linhas (2010 A 2014)

As desventuras humanas são estruturais e nos acompanham desde sempre. Esses textos iniciais são testemunho das minhas angústias adolescentes e, por que não, infantis. Nunca fui de muitos amigos.
  Preferia as conversas em família, as brigas com as primas e irmã, o silêncio dos livros na biblioteca municipal de minha infância e parte da adolescência por ocasião dos trabalhos escolares em tempos onde não se pensava em pesquisar no Google.
  Essas são minhas primeiras linhas <u>publicáveis</u>, sim, as que ainda gosto embora mostrem que eu era "besta" mas, sei que todo mundo parte de algum lugar.

Que Sejas Sempre

(primeiro nome do blog)

Que sejas sempre teus e somente
meus sorrisos mais sinceros
os olhares mais profundos
meus verões e invernos

Sempre teus
os momentos sublimes
que nos marcam
redimem
os que dão força pra seguir

São teus, amor
os papéis com os quais escrevo
as palavras que escolhi
meus sentimentos em relevo
estes versos que escrevi.

Estudantes

Todos somos estudantes
pois o conhecimento não tem fim! [Sobral, 01.06.10]

Essa frase saiu da minha cabeça à revelia e rapidamente. Estava ainda no fundamental e com ela ganhei um concurso de frases da escola.

Aceitar que o saber é furado desde o começo não é tarefa fácil.

Eu mesma ainda estou às voltas com isso e com minha dificuldade em deixar cair o ideal de completude. Embora nunca tenha me achado "sabida", acreditava que esse era adjetivo de poucas pessoas ilustres.

Não querer admitir que conhecer implica estar ciente de que ignoramos oceanos me fez perder muitas oportunidades de me colocar no mundo, sabe?
Mas, vamos que vamos nessa luta diária de viver e de não -saber como motor do querer essa alguma coisa!

Estudante

Quem nunca foi um dia?
Péssimo ou exemplar
(Muitas vezes varia)
Estudar é uma sina
Para alguns, uma paixão

Faz parte da vida
E da nossa formação
rotina de todo dia:
Aprender uma lição

Compreender algo novo
e um pouco de tudo
ser estudante é ter nas mãos
O futuro do mundo.

SAMARA FERNANDES

Nadica De Nada

Nada espero,
Nada peço,
Nada quero
Não minto:
Nada sinto... [07.08.10]

Nada

Sei que não tenho o que dizer,
mas querer dizer sempre acalenta.
Sua falta e a falta que você me faz,
me achego às lembranças
tão nítidas e lentas.

Passarela

Hoje fui
Amanhã outro será.
E a vida passa
Faceira como ela só.
E o tempo passa
Como tudo, sem graça,
Ao meu redor...

Poema Solto

Às vezes me exclui,
Em outras me chama
Me diz que eu posso
Que eu fico, que eu vou.

Ah! Vida!
Há quem diga que ela é dividida,
Outros certamente discordam
Eu digo que sou um monte de palavras num mar de papel.

Indagações

Há pessoas
Há histórias
Em memórias esquecidas;

Por acaso
Nos encontram
No imenso ciclo da vida

Por que elas
Vem e vão?
Provam que são
Meros cometas?

Por que outras
Vem pra ficar
Tornam-se assim,
Nossas estrelas?

Para seguir,
É necessário,
Deixar para trás?
Para chegar lá,
É preciso,
Sair daqui?

Cores E Fins

Tenho uma pergunta que me devora a alma
estremece o meu chão
Sufoca-me os pulmões

Ela me rouba o ar, o lar o sorriso
O olhar deslumbrado de vida
A vida deslumbrada no olhar
Temo que não haja alguém para respondê-la
Saio lá fora procurando vê-la
Onde?

Por entre as ruas,
Os carros, as pessoas...
É nessas horas que sua voz se mostra mais sentida
Que posso ouvi-la com tanta nitidez e doçura
Com tanta solidão e encanto
O que ela procura?

"Quem eu sou? Do que gosto e o que me incompleta?"
Mesmo nas tentativas mais diretas
Nas possíveis e poucas chances de resposta
Ela é como um véu que se desdobra
Tão bonito e inquieto
indizível entre praias e jardins
Tão cheiroso como um livro aberto
Infinito em suas cores e fins.

Breves Palavras

O que posso escrever?
Algo que diga a você como sou?
Não sou mais do que uma consciência,
Uma visão de mundo,
Em meio a muitas.

Voz irritante
Que fala, grita,
Embora haja tantas,
Tantas outras,
Vozes ignoradas, ignorantes
Reprimidas,
Silenciosas,
Silenciadas.

Uma voz,
Em meio a tantos olhares...
Feições e odores.

Posso ser modesta,
E direi que estou só,
Questionando os restos
do mundo ao redor.
[06.09.10]

A Busca

Vivo a buscar
Aquela felicidade;
E se a encontro
Sinto que me enganei
se a vejo
Depressa a perdi

Se a toco levemente,
Retê-la não consigo,
Entre os meus dedos se esvai,
Pois é suprema, inatingível,
Embora arrisquem alcançá-la:
Tentativas frustradas,
Vãs esperanças.

P.S.: "Serão vãs as esperanças?" (perguntou meu professor de literatura quando mostrei para ele apesar de envergonhada).

Águas Passadas

Sentia, no entanto,
Um rio de águas
Corrente de mágoas
E desilusões
Dos seres humanos
Não sou a única.

Hoje não,
São favas contadas
Águas passadas
Nada podem mover

Ontem eram
amanhã já não sei
eu nunca fui e não serei
sempre.

Enigmas Em Mim

Como o desabrochar de uma rosa,
Delicada és tu
Contente e formosa
Do norte ao sul;

Certeza do infinito,
Síntese do paraíso
Sol brilhante é teu sorriso,
Em dias nublados frios.

Distância

Agora eu sou o livro, aquele seu preferido
Suas mãos me tocam página por página
Seus olhos percorrem minhas muitas palavras
os olhos decifram os enigmas meus,
Por um longo tempo, não sei o que é adeus

Agora eu sou seu relógio chato
Que te desperta sempre, com regras e horários;
Sem querer, te avisei: já são oito horas
Pra estar perto de ti,
O que posso ser agora?

Que tédio! Sou a flor!
E me seguras nas mãos
Entrega-me a outra garota. Ai meu coração!
Mesmo perto de ti,
Não há como escapar,
Estou longe de você
Não importa o que eu faça.

Texto Amortecido

- O amor é surpreendente, fascinante, imprevisível demais para obedecer à ordem, às leis, ao firmamento até mesmo ao tempo...

Recuso-me a vivê-lo em partes
Em rótulos, narrativas, motins
fins.

Te Esperaria

Em todo o tempo do mundo,
E até do universo,
te espero,

Ainda que às vezes
Me vejas imerso,
Em tamanho recuo
E paralisia

No silêncio do meu ser
No meu coração inerte
Que em palavras converte
Tão grande sentimento,

Tenho algo a dizer,
E direi algum dia,
Te quero,
Te espero,
Te esperaria.

Pra Você

Espero sorrir ao seu lado
E ser um dos motivos do seu sorriso;
Dizer-te quando necessário
Que a vida tem seus desafios e riscos

Fazer seus dias mais felizes e suas possíveis dores
mais amenas
Dizer que te amo
Nos gestos mais insanos,
com o passar dos anos
Nas coisas simples
E pequenas.

Meninos Fomos, Meninos Somos

Roubaram ao menino
De pranto abundante
Roubaram seu ninho
De infância restante;

Arracaram-lhe o sorriso
De ingenuidade
E também o futuro
Sem dó nem piedade;

Tomaram-lhe as rédeas
De um sonho possível,
E por mais incrível
Que seja, senhor,

Disseram ao menino:
-"Estás confinado
Viverás desse lado,
Que a vida tem"
- "Só te é permitido
(Por bondade superior)
Contemplar o longínquo
Lugar de fulgor"

E ao longe avistando
Num vago esforço
Sua vida era um esboço
De sofridas linhas;
Considerando a obra
De requinte real
que outro menino
Vivia e detinha;

OQUENÃODITO

Meninos fomos
Meninos somos
E o conformismo: nosso defeito.

Quem Diria!

Entregues,
A esse mundo,
Fundo, imundo
Vasto mundo

Nossa tarefa é beber,
Nas fontes eternas,
De águas tão ternas,
Da hipocrisia,

E crer que não, não mais
Haverá fome, guerra,
Somente paz,
Ano após ano, dia após dia!
Pois os gregos criaram
A democracia!

Dizem que o mundo é perfeito,
Pois está escrito na Constituição,
E eles fingem que a igualdade existe,

Pede para ela,
Por obséquio, visitar
Os escombros e albergues,
Para ver com quantos erres
As vidas se arrasam,
Em plena democracia,
Meu Deus!
Quem diria!

Realcidade

Nas esquinas
sujas e frias
em vez de estimas
Há morte em vida

Vejo o futuro
De alguns no muro
e, acreditem,
não é tão bom

Sinto a ausência
da vida que some
presença da fome
que nunca se esvai

angústia e pranto
encolhidos num canto
sufocado em lamento
expostos ao frio

e vem um indivíduo
e me diz:
- "me dá uma moeda, tio?"

Convicções

O humano real
Vive a história
Faz e transforma
Seu próprio roteiro
Castelos e fortes
Constrói para si
Não consta com a sorte
Mas força-a a vir

Compreende que é preciso
Lutar para ver
Algo além
Das perfeitas promessas
Apenas impressas

O homem real
Contesta e pergunta
"Por que tudo é possível
e não melhoramos a educação?"
"Onde está?
Quem viu?
O melhor do Brasil?
O melhor da Nação?
Nas zonas pobres,
à margem da Constituição?"

Pensamentos Sãos

Eternidade,
Ambígua verdade,
De mórbidas instâncias
Sórdidas lembranças

Entretece o que entendo,
De vida, de mundo,
Estremece o que penso,
Um pouco de tudo

Eis aqui meus pensamentos,
Questionamentos sãos,
Para a eternidade se foram,
Para onde irão?

Idéias

Idéias não morrem,
Adormecem
E acordam no simples abrir de um livro
No clicar de uma página
Ou num texto esquecido

As idéias gritam
No silêncio, com calma
No íntimo da alma
Nas entrelinhas da voz;
Idéias ressurgem
Idéias induzem
A algo ou a esmo

Mesmo dentro de nós mesmos,
Não estamos tão a sós.

Revelação

Olho tudo,
Tudo em volta,
Até a porta
Do meu ser

Olho o surdo,
Que me revolta
E o cego,
Que não me vê

olho pra cima
que escansão!
perdi a rima
revelação

O Que Dizer?

O que dizer da vida
Essa estranha alguma coisa
Que nos move, impele
E nos envolve, repele?

O que dizer do mundo
Esse lugar de desencontros
De edifícios e escombros
Feitos de carne, tinta e papel
de partes, chuvas e céus
Cheios de histórias,
amores e véus?

Fluxos

Por que existo?
Por que insisto
Em lutar
E mudar
Meu lugar,
Minhagente
Que não sente
E ausente
Em pensamentos
Reflexos,
Perplexos
Do mundo
Do ser,
Do crer,
Do ver,
Viver?

Crer no amanhã
Sentir o agora
Esquecer o que passou
colou.

Reflexões

Sou diferente,
Não julgue!
(nada ser é bem pior)
E simplesmente,
Não me encaixo,
Estou só.

Como uma ilha
Sem outras irmãs ilhas
Envoltas no mesmo mar,
Impenetrável, (mas nem tanto)
Indiferente,
Aos nossos risos e prantos;
Busco a resposta
De quem e como sou,
Onde?
No silêncio das reticências,
palavras não ditas,
vivências,
Do que não tenho vivido
Na essência do que é
Explicitamente implícito...
Sou diferente.
Quem eu sou?
Não julgue!
Nada ser é bem pior.

Dentro De Mim

Gostaria de dizer que me conheço,
Que sei o que sinto quando me perco em lembranças, imagens.
Que posso entender o porquê dos sorrisos falsos,
Dos olhares forçados
dores inevitáveis
silêncios gritantes,
Irritantes, uivantes
Dentro de mim

E dos sons levitantes
Nas entranhas do "sim"
Às vezes estranhos, às vezes seus.
Dentro de mim, mas distantes
Dentro de mim, mas não meus.

Antimatéria

Alguém me chama,
    Esse alguém é o meu próprio eu
        Seria mesmo uma afirmação certa...
           Estas palavras são realmente sérias
Eu sou minha Antimatéria...

ANTI
                MATÉRIA,
                              SOU
                                                MATÉRIA
                                    ANTI
      EU

Meu Universo

Meu universo
É o inverso
Daquilo que pensei

Deveria estar lá
No entanto o lugar
Onde estou é o meu
Novo mundo.

Inflexões

Será o despertar de sonolências incontidas
o que faz avesso ao que me toca a alma?
Em que medida as fortes e frias direções dos fatos
me obrigam a pensar com certo desapego
nas linhas tracejadas de enleios que aqui se esboçam?

Avesso
me pego em devaneios que,
creio,
são de outrora, e d'além
De quem agora, me interpela em reflexos,
em riscos e rascunhos
de alguém.

Será?

A vida vivida
Jamais é ouvida
Quando esquecida
Em algum lugar;

O sol, grande sol,
Nada mais é do que o farol
Que sustenta o anzol
Do tempo,
Invencível tempo.

Vão- Se Os Dias

Vão- se os dias
E com eles um pouco de mim
Mãos tão frias
Por que sinto ser assim?
Esvaindo- se o amor
O que há de ficar?
Esvaindo-se a dor,
O que nos restará?

Talvez o sentir,
Da perda ou perdão
Certamente o devir
Do que nos torna sãos

Nas entranhas do ser,
O que os constitui?
Deve apenas saber
Que em si algo flui?

Trajetórias

Idas e vindas
Até aqui,
Vidas já findas
Diante de mim;
O que posso fazer?
Como posso agir?

Classificados Poéticos

Vende-se uma máquina
Capaz de congelar o tempo
Em situações felizes,
Bons e alegres momentos

A melhor parte da vida
Pode memorizar,
Sua marca Sony
Convida-nos a "sonyar"
E por isso nos faz bem,
A sua sonoridade
Pois vivemos em um mundo,
De cruel realidade,
Uma máquina assim
Vou vender, mas não esqueço:
No valor inestimável de
100 preço.

É...Maré...

Maré baixa,
Maré cheia
-Alta sim,
Cheia não!

Tanto faz
Tudo é maré
Todas elas vêm e vão...

Vão e vem
      Vem e vão
Vão e vão
      Vem e vem

- Alta sim,
Cheia não!
-Me corriges isso em vão!
Você sabe com é,
Tanto faz, tudo é maré.

Instante De Sonhos

Na minha estante,
Tenho sonhos diversos,
Do pequeno ao grande
Do louco ao sensato
Como criar um gato
Dentro de mim...

No mesmo instante
em que eu sonho alto
Vou de pára-quedas
(ninguém quer cair assim)

Mas se escolho sonhar,
Com um mundo melhor,
eu me ponho a pensar:
Será que estou só?

Todo Poema É Solto

Todo poema é solto
E solta nem que seja
Uma faísca
Um sorriso
Uma dor

Todo poema é vivo
Toda palavra é livro
Pra quem sabe ler.

E Aí?

E aí?
O que se faz
Com o devir
Com o que convém
Com aquele alguém
Com o que me traz
Retalhos
      De laços
  Falhos,
     Passos
  Braços
        Abraços
    Cravos
         Rosas
      E poças?

A Poesia E Eu

A poesia vem
E pergunta se eu posso
Escrevê-la com ternura
Intensidade e requinte;

Disse a ela que o seguinte
Acontece ao humano
Quando os atos são insanos
Já beirando a loucura
Minhas mãos a procuram
Na imensidão do branco papel.

A poesia me disse
Que o vazio a atormenta
Que outrora desfrutou
De fartos e belos anos

Pois ela é feita do humano
Que lê, sente, cria
Do céu que lhe redime
o inferno que o oprime
Da agonia que o traduz
Mas o humano
Cada vez mais não existe
E ela padece e insiste
Num mundo de mais

Quem se enriquece
De sentimentos?
Quem é humano?
Quem tem tempo?

Bem Branco

Folhas em branco
São um convite
Para expressar
Através das palavras

O que me torna realmente eu
Quem sou eu?
Qual o meu conceito sobre liberdade?
Que verdade tenho escondida em mim?

Tão bem escondida
Que não a arrancarei
Tão misteriosa
Que nunca decifrarei

Se a verdade dói
Essa dor jamais terei!

Palavras Ao Vento

Palavras,
Palavras ao vento
Que em desalento
Emanam de mim;
Palavras,
Que voam bem longe
Até mesmo onde,
Eu não posso ir.

Que O Acaso Quis

Tardes alegres, de boas lembranças,
Fatos que foram
Não mais voltarão;
Espero um dia,
Ver-te novamente
Olhar-te e dizer,

Que não há distância,
Distante demais,
Nem tempo que apague
Meus memoriais;
Nem chuva que acabe
Com o que restou,
De uma grande amizade,
Sincera e feliz,
Fruto de tempestades
Que o acaso quis.

Sobre O Lugar Nenhum

Pequenas casinhas ao alcance dos olhos
Vento quente no rosto
É o hálito da vida - pensei
Que me abre seus leques sortidos e intensos
Surpreendo-me sempre.

Os fios de cabelo
Que mais parecem viventes
Dançam sua finita liberdade
Ao sabor dos sopros do mundo
Esses adentram as janelas do carro
As janelas de mim...

Minhas mãos acabam com essa festa
Com essa dança sem regras ou ensaios
Pois gosto deles quietos
Estáticos, prisioneiros das minhas idéias.
- Quem mandou ser cabelo?
Por que não uma águia? Beija-flor? Borboleta?

Não era só o meu cabelo que dançava
Meus olhos também faziam movimentos aleatórios
Buscando quem sabe os segredos de nenhum lugar
Procurando vida em lugar nenhum.

Quanto

Enquanto houver riso
E ternura
E carinho
Enquanto as coisas pequenas
Preencherem o caminho
enquanto a vida viver
Em mim.

Sorriso

O que me faz sorrir?
Não sei...
Talvez ler poesias
Pintar telas vazias
Cheiro de terra molhada
Chocolate de madrugada
Ver o que tenho pela frente
Sentir de novo o amor da gente
Cheiro de fruta no balcão
Sorrir sem saber, porque não?

SAMARA FERNANDES

Versinhos Rápidos

A vida continua
Vou com ela e já não volta
No embalo desses versos
ela às vezes me revolta

Ao Desconhecido (Em Novembro)

Que venha o desconhecido!
O inesperado,
Como um sorriso sem motivos
Uma lágrima frouxa
Uma tímida e rouca
Esperança no céu.

Sobre Livros

Eu sei, com a internet, downloads rápidos e disponíveis aos montes você pode conseguir todos que quiser. É grátis. Isso é realmente bom.

Mas, bom mesmo é tê-los nas mãos, com cheiro de livro novo e tudo, devorar cada página, degustar cada palavra, cada vida ali impressa, cada cantinho de sorriso esperando para ser desabrochado. Bom mesmo é avançar em sua direção, desejá-lo como água gelada em dias quentes, como um pudim da sua mãe numa tarde de domingo, aquele mesmo, que mais parece ter vindo da cozinha do céu especialmente para você.

Livros: ainda não inventaram nada que me aguce mais os sentidos, me aquiete o coração, e que me faça sorrir um sorriso livre.

Arte

Asa que o homem inventou
para mapear a imensidão da sua alma
o ser humano
expresso em papel
Universo revelado num acorde,
Num mar de palavras
No infinito das águas
luar de emoções

Na certeza de que o limite é o céu
para uma caneta
para o nosso pincel!

De Uma Personagem Por Aí

Penso que a vida em nada se parece com o que seus pais te dizem quando você é criança... Você olha suas expressões cheias de nada e pensa:
- Meu Deus! Quanta imaginação eles têm!
Ou:
- Como fui lesado todos esses anos!
Pode até rir dos sentidos múltiplos que seu mais novo adjetivo pode assumir nesse contexto de desgraça que virou tradição no mundo.
- Como pude ser tão ingênuo! E essas canções melosas?! Será que fazem sucesso por que, por um momento as pessoas querem sentir que em algum lugar do universo esses valores, ideais existem?

Tudo é questão de consumo. E estou certa. As pessoas estão consumindo umas às outras, sugando o que não podem, até o último fôlego, até o último ar carregado de resíduos tóxicos que orgulhosamente elas mesmas espalham com seus carros caros nas ruas sem sentido das grandes, e por que não dizer, pequenas cidades.

Tente visualizar esse quadro... Não me parece um cenário elegante de ver e aplaudir... A vida, se é que podemos chamá-la assim, é tão insípida, tão pesada! Toneladas e toneladas de rancor, desespero, angústia, mentiras, sorrisos falsos, vestidos caros e maquiagens, sim, maquiagens ineficazes quando o interesse é disfarçar sua verdadeira face.

Para esse problema, recorrer às máscaras é o mais sensato e pelo menos não esquecer grudá-las bem forte no rosto é essencial. De preferência, jamais tirá-la até que faça parte de você de um jeito totalmente irreversível. Quer tentar e ver o que acontece?

Apesar de ser garantido o sucesso da parceria pessoas – máscaras, nem sempre ela é eterna. Por isso, certifique-se de arrancar da sua vida o antídoto, a pessoa que seria o seu "caminho de volta", volta a si mesma e ao seu lar, que te acordaria dessa "Matrix", e que seria potencialmente capaz de te mostrar onde realmente você se encontra, ou, melhor dizendo em que irrealidade você se meteu.

Essa pessoa poderia causar sérios problemas, ao tentar pegar sua mão, olhar bem fundo nos seus olhos, e alcançar, nem que seja por um breve segundo algum resquício do que nem deveria existir em você... E conseguir vencer todas as amarras da máscara, essa que lhe garante a sobrevivência no mundo dos mascarados e hipócritas...

Pois bem, jogue fora se quiser continuar, magoe, machuque, pise e limpe seu sapato da possibilidade de achar, uma gota que seja desse antídoto estúpido.

Ano Novo (Pleno Setembro)

De malas prontas! Não, não vou viajar. Vou embarcar em algo mais ousado, num projeto importantíssimo pra mim.

Digamos que tenho em vista doze meses, prontos e dispostos pelas mãos leves e hábeis do tempo... Aliás, tempo curto é o que me resta, vou rever o que passou e levar comigo mais do que certezas e questionamentos: as alegrias provenientes dos acertos, e as preciosas lições que os erros me proporcionaram.

Por que o que realmente te marca, vale a pena.

Pai

Ele olhava para as marcas cravadas no chão e sua expressão, seus traços bem visíveis me faziam pensar no quanto somos marcados pelo tempo - esse estranho senhor que leva de nós e dos outros os detalhes mais sutis, que nos obriga a mudar, crescer. Sempre soube, mas só naquele momento me encontrei com a grandeza de seu caráter, a beleza da sua maneira entender a vida. Seu silêncio significou muito pra mim, por que, me dizia bem mais do que pude ouvir em todos esses anos.

Era seu sonho, seu objetivo e ele o perseguia incansavelmente, buscava-o com todas as forças que tinha e se estas se esgotassem, certamente encontrava em Deus reservas ilimitadas (essa era minha teoria). Não era apenas seu dinheiro, mas também seu esforço, suor, cansaço, tudo ali depositados e investidos. Ele sorria imaginando como seríamos felizes por entre aquelas futuras paredes, aquele chão que brevemente passaria a existir, e o quanto poderíamos ficar protegidas sob o teto que planejava compor.

Contudo, pai, digo que construiu algo bem maior. Construiu uma família, um lar, um lugar de aconchego - que independe de onde e como estamos - um porto seguro para os dias de tempestade, um forte no qual temos todas as chances de resistir em tempos de guerra.

Nas paredes das vivências, nos alicerces das boas risadas e conselhos, no teto da proteção com que sempre nos cobriu, nas janelas de confiança e ousadia com que nos permitia explorar novos horizontes, nas portas, onde muitas vezes me viu passar para ir.

Sei das lágrimas escondidas que causei, sei da saudade que dói em você por que ela também me visita onde quer que eu esteja. Sei que os filhos não são nossos e que um dia também vou vê-lo ir, e provavelmente (por que puxei ao senhor) também vou derramar aquelas tímidas lágrimas, e ser visitada pela mesma saudade. Mas espero pai, que eu saiba ser, ao menos um pouco do que você é pra mim... Parabéns pelo seu dia.

Ternuras Poucas, Mãe (2013)

Acreditou em mim, no que eu tinha pra sonhar, nos meus sorrisos. É tão bom saber que não estamos sozinhos... Sei que às vezes as coisas mudam, os anos passam, mas só aumenta o carinho por você, mãe.

Queria te escrever algo bem bonito, que pudesse te tocar mesmo que fossem palavras presas num papel, concluí que, antes de tudo e com todos os momentos ruins, dificuldades, lágrimas, sorrisos e conquistas, mais bonita que a nossa história?
Duvido que eu consiga imaginar.

Caminhada (2013)

Vinha andando meio apressado. As cores já não eram as mesmas os pássaros já não se davam ao trabalho de alegrar as manhãs que há tempos eram tão comuns. E lembro sempre de olhar para frente, ignorar o que havia ao meu lado. Sim.

As flores andavam meio longe e os sons, nunca mais os ouvi. O que tinha de fazer era abrir meus olhos, e a passos lentos, sorrir.

Procura-Se-Me

Acho que fervilho como água em condições normais de temperatura e pressão.

 Devo dizer do que percebo nessa véspera de "Faltam 12 meses para eu me formar!"?

 Se eu pudesse.

 Procuro algo que me acalentasse as moléculas de histórias, memórias

Diante desse abismo: Eu não sei o que há lá em baixo!

Não sei se vou descer, cair, flutuar
Ou se vou voar pra onde espero

Mas se a descida tiver
Um pôr-do-sol, um mar azul...
Já vale a coragem de lançar-se
Já vale o suplício de querer
E crer.

Percejevendo (2014)

(segundo nome do blog)

Antes, dei-te o nome de "Que sejas sempre"
Deitei-me mesmo sobre essas telas procurando dizer o que não pode ser dito.
Até hoje não consegui completamente, mas, vou tentando mesmo assim.

Por que "Que sejas sempre"?
Diz de um desejo de eterno, do que é terno e ternura em cada deslizar de significâncias?

Hoje, percejevendo um pouco mais,
invento um novo nome
"Nomear por quê se já há tantos nomes no mundo?"
Não. Pensei em modo antítese:
"No meio desse mun (do) turo, deve haver algum que me possa escolher"
Alguns, pra ser mais sincera: Percejevendo

        O.O

Eu sei, você fez essa cara e não sem motivos.
Vamos aos pormenores desse neologismo só meu:
O percevejo
Esse ver que "per si" só se faz perceber pelo incômodo que causa.
Lembra da músiquinha "procuro, mas não vejo, não sei se é uma pulga ou se é..." sim. Cá está o percevejo. Explicado, então.
O per-ceber, as ternuras que de tão pequenas são grandes demais para uma vida só

Aos mais afortunados olhantes
Elas fazem graça, charme, pirraça
Mas se deixam entre-ver

o *je* do francês, tão difícil de circuscrever... (ou o *moi* -"*moá*") lacanês.
je vendo... sendo... tantas... todas e nenhuma
E mais e menos e ninguém.

Hoje tu és algum lugar onde isso tudo trans-bordeja
e, veja:
água rasa não esconde meus pés.

Enterstícios - Per Ce Je Vendo Um Pouco Mais

Ao sonhar com t eu   olhar
eu a cordei assim

Como o que
já a prendeu
que qua se   não se per   de

Como quem
olha pro (a) mar
pensando não
ter fim

Ainda que com a cer teza
teza, de que já não é só s eu.

Hoje

Hoje sou água rasa
Fonte que seca sua última gota
Ao sabor do sol ardente

Sou mágoa ingrata
Que insiste e elege
O tear da vida
A tecer desencantos

Sou o que era,
Ou que queria ser
Sou entre as terras
A nuvem andante,
Que não acha seu lugar,
Mas procura a vida inteira.

Desvãos

Quinta-Feira, 16 De Novembro De 2017

São exatamente dois anos sem escrever aqui. Sim, pretendo voltar por questões de hemorragia literária mesmo: ou eu deixo as palavras, cada uma a seu modo desfilarem ladeira abaixo - elegantes ou não em seus trajes típicos - ou eu vou ser surpreendida pela experiência de dizer uma vida de não-ditos.

Não-ditos escapam de qualquer jeito. Como que transpiram a contra gosto. Aqui jaz o meu.

Por que dizer tem um quê de responsabilizar-se. E eu #nãoquerotreta já poderia fazer um jornal com tantas que coleciono. Às vezes com sorriso insuportável, outras tantas com feridas e arranhões. Essas, logo saram por que puxei ao meu pai, é verdade!

Vou colocar ponto aqui senão vou precisar pontuar uma sutura que quer abrir cada vez mais. Se há uma cirugia sutil, terpêutica e potencialmente devastadora é essa com as palavras. É um sr. trabalho se haver com o dito. Mas o não-dito é meu xodó.

É isso.

Bem vindo ao dito, dizer, diz ser, ex-sistir e ao blog 2017/2018!

Afinal, São Minhas As Linhas

Faz tempo que não venho aqui, eu sei... mas tanta coisa aconteceu desde então!

Tenho algumas linhas para escrever em outros lugares, outros assuntos, mas deu vontade de escrever essas... que são só minhas, certo? Que me contemplam de algum jeito, acho.

E o que fazer das minhas linhas? bagunçá-las ao ponto das que eram antes paralelas, encontrarem-se num ponto do infinito, do que não sei dizer? ou melhor, do que simplesmente não sei?

Posso dobrá-las e continuar nomeando-as como "retas", afinal, são minhas as linhas e cabe àquele que as lê encontrar a coerência que achar que deve...

Mas isso acabou parecendo as linhas outras que TENHO que fazer. O que Manoel de Barros diria? "Eu queria crescer pra passarinho"... "sobre o nada eu tenho profundidades"... "Deixe disso, menina. Podes meninar?!" Posso brincar agora. Borrar as linhas me fez sorrir de canto de boca... deixemos que nos fale meu querer de "atrapalhar as significâncias":

As linhas me reti ficaram
mas quero bor boletar
O tem po quer brincar co migo
Comecei a tempear a minha pressidão
Funcionou

Perceje vi sua fin deza
Me apeque ninei em seu ouvi-dor
Como quem a braça o mun do com as per nas.

Descrição Completa Do Blog Oqndt

As regras de 500 carcateres não me impediram de dizer. Está aí a descrição completa em primeira mão:

Esse blog vem me acompanhando desde 2012 e de certa forma é testemunha de minhas tentativas de dizer o que, por definição não pode ser completamente dito. Sou meio teimosa com isso e fiz desse canto o meu lugar de experimentações, meu parque de diversões onde ninguém vai olhar pra mim com a cara de:

- Valha, mulher, por que que tu é estranha assim?

Pelo menos eu não vou estar aí para testemunhar esses e outros olhares... é bom pra mim que permaneça assim. Por dois anos eu parei de escrever aqui e voltei recentemente (2017/2018) Hoje acho fundamental esse retorno. Pode vir, pode chegar.

Do Dito Que Faço Questão De Fazer Existir

"há sempre uma poesia oculta num papel em branco" - Frase da internet.

Sim,
persigo-a cada vez que vejo um papel assim, vazio
inconformada
Não deixo a poesia passar em branco
Nem no "branco" que me dá, às vezes

Uma causa?
Por mais ausências preenchidas de palavras!
Para não ter a impressão de que tem algo não dito
grito
na garganta.

Dos Cortes Necessários À Vida

Ultimamente meu cabelo encontrou uma tesoura
O que pude fazer?
Cortei-o, sim
Como quem muda algo que um dia já foi seu
Quando aquilo que foi tão seu não mais se mostra
Vejo não só um cabelo, mas uma porta nova
E estou pronta pra entrar
Antes do corte houveram outros
Mais invisíveis e sutis
Cortei certas coisas que me prejudicaram
E com as quais aprendi

Já ouvi atentamente que

"O essencial é invisível aos olhos"

Hoje concordo no sentido mesmo dos meus cortes, de cabelo, de idéias, de olhar
Antes que houvesse um visível - cabelo - houveram muitos por dentro
Onde nem eu vejo
mas desconfio

Já disse em uma de minhas linhas que
Gostava dos meus cabelos presos
Reféns das minhas ideias e devaneios
E que, naquele poema o vento queria brincar com eles.
Revisito essa cena
De cabelos curtos, sem poder prender
Vejo que eles não são mais prisioneiros e nem quero
Hoje gosto mesmo é de dançá-los ao sabor do vento,
Molhá-los na chuva repentina

Deixá-los ser molde de um tempo que já chegou e que recebo com um sorriso de alegria e esperança.

Alinea

Ela é super decidida. Admiro muito isso e confesso que gostaria de ser assim também. Eu, estou sempre na minha corriqueira indecisão, vou titubeando sempre que me perguntam o que eu vou fazer/quero fazer. Às vezes perco o *time* e acabo não tomando uma atitude. Aí é que *só depois* vou ter uma clareza do que me representaria perfeitamente na cena e do que eu deveria ter feito. 2018 não precisa chegar para que eu comece a exercitar ser mais Alinea e hoje mesmo decidi que vou sair desse meu padrão. Fui Alinea algumas vezes, por exemplo:

Quando decidi fazer a matrícula no Curso de Psicologia - tive o apoio dos meus pais e minha irmã - ao invés de tentar entrar em Medicina. Digo tentar por força de expressão. Sei muito bem que ninguém entra em Medicina tentando, por sorte, como temos a mania de conceituar a sorte: algo aleatório que caiu de paraquedas no nosso colo. A sorte, foi-me dito uma vez, é a junção feliz de preparação+oportunidade. Sempre que não consigo uma coisa lembro disso e quase que instantaneamente eu me acalmo na minha ânsia de querer ter conseguido LOGO.

Voltando ao curso escolhido... não sei se minha escolha foi por considerar-me deficiente demais em minha base de conhecimentos que me garantisse "passar de primeira" na Medicina - por que, mesmo naquela época, eu tinha certeza de que uma reprovação não seria algo superável para mim. Ou por que algo me chamava na Psicologia, ou eu me agarrei no discurso inventado naquele momento de que "sempre tive curiosidade de aprender sobre o ser humano" (aqueles clichês que escutamos na aula, também tradicional, de apresentação do curso, motivos de escolha da Psicologia, etc.). Note-se que falei inventado não no sentido de ser mentira, mas de que, ali, na encruzilhada importante que refletiria nos anos seguintes da minha vida, eu decidi e sustentei tal decisão com essa frase: tinha curiosidade sobre a psicologia e o ser humano. Ponto. Também não me arrependo.

Talvez ainda queira fazer medicina para ser psiquiatra a fim de continuar na saúde mental, na lida com o ser humano e suas *desventuras em série*. Até por que tenho as minhas e sobre elas escrevo quase que compulsivamente. Escrevo. Senão eu falo/faço de uma forma problemática para minha neurose - nos termos freudianos mesmo.

Fui Alínea algumas vezes. Em outras fui eu tal como descrevi antes. Até hoje me pergunto se vou saber algum dia o que sou. Desconfio que não. Gosto de Novos Baianos e encerro "com uma deles" essas linhas escritas com carinho para todas vocês - florzinhas do jardim em que trabalhamos (piada interna, caros leitores, ignorem): "vou mostrando como sou/ e vou sendo como posso..."

A Vida (Re)Inventada

"Mas a vida, a vida, a vida, a vida só é possível re-inventada."(Cecília Meireles)

Esse trecho lindíssimo me lembra Freud (1907) no texto *Delírios e sonhos na 'Gradiva' de W. Jensen* quando diz que os artistas criativos são aliados valiosos e conhecem muito mais do que a filosofia 'nos deixou sonhar'. Com sua sensibilidade nas questões humanas, eles antecipam muitos aspectos ainda não acessíveis à ciência.

Será possível tomar esse dito de Cecília não como um terreno onde, precipitadamente, poderíamos aplicar as observações clínicas da psicanálise, mas sim como um *testemunho* pelo viés artístico, de muitos conteúdos que na clínica vivenciamos - tanto na condição de analistas quanto na posição de um analisando. Falemos, então, da fantasia (*Phantasie*) com a qual Freud se deparou muito cedo, ao ouvir as histéricas.

A questão não era conferir, "*checkar*" se o que elas diziam naquele divã de fato ocorreu, etc. Freud deparou-se com a fantasia que tem a ver com a maneira particular de cada um retratar o que lhe aconteceu em suas vivências infantis, em suas origens e o que se reedita a partir delas tendo em vista suas saídas e seu posicionamento subjetivo diante do Outro.

E qual a nossa participação nessa trama que consturamos ao direcionar nossa fala a esse Outro de quem o analista sustenta um *semblante*, no lugar tão necessário para a análise quanto esse *suposto saber*? Esses termos me situam no ensino de Jacques Lacan - mas consequentemente na obra de Freud uma vez que todo lacaniano *meeesmo* precisa se situar freudiano.

A princípio cada situação, cada sessão de análise tem sua particularidade e não podemos medir o grau de participação na cena que falamos. Se existe mesmo uma associação livre, então as palavras vêm tão inesperadas como uma notícia decisiva, porém desconhecida até então. Podemos dizer que, mesmo nas situações sem saída, ainda assim é possível que saiamos da posição de objeto - nem que seja de relance - e observemos com atenção o sujeito advir. Sujeito em Psicanálise - outro pano para manga... para blusa... para lençol de tão pertinente. Essa questão do sujeito me fisga o olhar, vai entender?!

Voltemos à Cecília e sua reinvenção. Ela mesma exclui as outras possibilidades quando diz que "só é possível...", "só". Neste momento lembro que as reinvenções que fazemos nos ajudam a viver, a lidar com o inexplicável.

Exemplo rápido a seguir:
- "Ele era tão jovem! por que morreu?!"
- "Pelo menos ele não está mais aqui sofrendo... Foi descansar, dormir o sono dos justos..."
- "é mesmo. Está com Deus, está melhor que muitos de nós".

A morte é um dos eventos que mais nos causa horror:
- "Como morreu? se um dia desses falávamos com ele e rimos juntos nessa hora em que você caiu feito manga madura?!"

As reinvenções existem quando há palavra sendo dita em vários momentos do cotidiano e também quando ela é dita de um modo particular endereçada ao analista no qual supomos um saber. Elas são ditas por nós, e são parte daquilo que chamamos de Simbólico, são a teia de significantes, palavras que fazem um anteparo ao Real.

O Real que irrompe e diante do qual nada sabemos. Nesse nó borromeano há também o Imaginário. Mas aí é outro pano pra manga, digo, pra lençol!

O Quereres De Caetano Veloso - E A Metonímia Do Desejo

Essa música me lembra muito a primeira experiência de satisfação trazida por Freud. Este nos introduz na situação de um momento mítico em que pela primeira vez o bebê sente o incômodo de estímulos orgânicos a lhe avisar que "não está tudo bem". A sensação de fome faz com que o bebê emita um grito a ser interpretado pelo outro como apelo.

Esse outro se apresenta com o seio ou seu substituto e ocorre a primeira satisfação vivida . Essa experiência se inscreve no psiquismo como um traço (*bejahung*), afirmação, e será ativado quando a fome vier novamente. Nesta operação ocorre, por outro lado, a expulsão (*austossung*) de algo que será tido como estranho.

É nessa inscrição primeira que desenrola-se toda uma cadeia de tentativas do sujeito em direção ao que, primordialmente, foi vivido. Tragicamente essa tentativa é sempre frustrada no ponto mesmo em que nenhum objeto, seja ele qual for, servirá exatamente para substituir aquele objeto perfeito. Objeto que encaixava exatamente no lugar, fazendo a completude ex-sistir e que foi para sempre perdido. Aquele do qual temos lembranças vagamente confiáveis, rastros, evidências simplórias, mas nenhum indício plausível de como reconquistá-lo.

O desejo em sua face metonímica nos apresenta seu movimento quase que frenético de um querer retornar àquele lugar. A não possibilidade de retorno ao perfeito é o que nos instaura na lógica faltante da linguagem - o que inaugura o sujeito e sua afânise.

Lá onde existia miticamente a completude a falta se instaura permitindo que, em sua fenda, o sujeito possa advir.

Esse quereres Caetaneado diante de nossos ouvidos nos leva a uma constante frustração, pois, lá onde queríamos uma coisa, não temos, deixando-nos dessa operação aquele resto inalcançável. Insuportavelmente inalcançável, mas que possibilita essa estranha/doída/louca/aventura/procura...

Nat All

Estamos aqui e enquanto o vento passa por nossa pele, cabelos, gostaria de chamar a atenção para os ruídos que deixamos passar.

Talvez agora você esteja segurando a mão de alguém especial, mão que já lhe sustentou em algum momento da vida onde você tinha a impressão de ter perdido o chão. Talvez agora, queira olhar para aquela pessoa que te ajuda sempre que possível e, se quiser, fique à vontade para olhá-la um pouco mais, alguns segundos a mais, sem pressa.

Já dizia uma música que eu ouvi recentemente: a felicidade está nos microssegundos, nos instantes eternizados pelas nossas lembranças, nas fotografias que escolhemos revelar e, talvez, deixar pela casa como testemunhas de um tempo bom.

O tempo. Esse menino que muda, brinca com a gente, nos surpreende.

Talvez para você o tempo passou rápido demais: Como assim, já chegamos em dezembro? Talvez a pessoa do lado não vê a hora de gritar feliz com o novo ano e as mudanças prometidas. Nem sempre cumpridas, verdade, mas, para quê mexer na tradição?

Que a correria não nos impeça de dizer a quem amamos o quanto eles são importantes. Que, nem que seja por um momento, nossos olhos possam percorrer as pessoas aqui presentes com a ternura que nos lembra Jesus.

OQUENÃODITO

Lua - Série Poemas De Rua

A lua é agasalhadora da miséria
acalanto dos infelizes
aplauso para os inúteis
A rua é generosa!

Diálogos Insanos 1

- Um muro pode ser um obstáculo ou uma tela!
- Lá vem ela com essas coisas esquisitas de novo!
- É verdade! Hoje, por exemplo, vi o Paulo Freire.
- Mulher, te alui! Paulo Freire morreu faz tempo! rs
- Pensei: Ele deve estar vivo no mundo de alguém. A gente morre, mas as ideias que espalhamos podem andar por aí, soltas, saltitantes, gaiatas como uma dupla de amigos cearenses quando se encontram em qualquer parte do planeta!
- Vale a pena voltar para o "Cearencês" toda vez que sentimos saudade de casa.
- Parece que a palavra toma forma e nos acalenta. Nos diz: Se atribule não, que um dia você volta e toma aquela cajuína. Escute um Belchior, e feche os olhos por que a América do Sul é toda sua mesmo que você tenha passado dos 25 e goste também de um blues!

Minha Vez De Dizer Rua! - Série Poemas De Rua

Dos Motivos:
Poemas de rua porquê?
Já ouvi dizer "pessoas de rua"
"Problemas de rua"
"Se essa rua fosse minha, eu..."

Por que um poema não pode nascer de uma rua?
NA rua?
PELA rua?
COM uma rua?
RUA! com seus conceitos precários
Suas verdades incontestáveis
Baseadas na Associação Brasileira de mim mesmo
Associação dos Unidos do Senso Comum soberanamente eterno

Quero dizer um poema **de rua**
Como quem recebe uma mensagem de um além
Além-mar, além marginalização dos ditos cidadãos nos moldes da CF/88
No "Além dos Além" parafraseando nossa Stamira poderosa em seus ditos e não ditos.
Além - discursos naturalizados de vidas doídas.

Quero dizer um poema **na rua**
Como quem grita diante do Grand Canyon que nunca viu
E vê sua voz tornar-se outras vozes
E chamar mais delas também para gritar, percorrendo milhas.
Como quem, ao declamar suavemente
Rasga a pele que habitamos
nossa pele de ouvintes
Nossa pele de quem mascara o que sente e o que vê
Com um leve e contínuo "Está tudo bem, meu bem"

Quero, enfim, dizer de um poema **pela rua**

Feito da efervescência de um trânsito afoito
Trânsito que se espelha no transitar das relações
dos amores não vividos
das gargalhadas contidas em virtude de convenções sociais
em nome da adequação - processo civilizatório doído e que não
ocorre sem consequências

Sim,
um poema pela rua
Quando se pára para olhar aquele muro
No meio da avenida da vida
Do caminho para o trabalho: Ida e volta 15 minutos!
um poema pela rua
Quando se olha no sentido literário do termo
Com uma ternura absurda
Uma vontade de surpreender-se com as mínimas coisas

Dizer
Ainda não inventaram nada mais 0800
mais terapêutico
mais humano.

Poeminha Gaiato

Quem quer dormir numa música
pode ouvir de um amor
de uma lembrança doída
buquê de notas, de flor.

Interagindo, Digerindo E Subsistindo Depois Dessa!

Introdução aos navegantes: dos significantes que nos atravessam e transpiram feito suor, haha!

1. Psicanálise é meu xodó de estudar sorrindo e disso me aproveito pra fazer minhas coleções coloridíssimas do Freud - By Cia das Letras, por que sim! em minha humilde opinião elas são a melhor opção até o momento por que são traduzidas do alemão para o português com muito cuidado. Bom mesmo era ler em alemão, mas ainda não cheguei nesse nível. Recuso irremediavelmente aqueles volumes em azul claro #EntendedoresEntenderão

2. Esse é um caso especial de rede social do qual não poderia me furtar de comentar por que ainda estou digerindo e se não falo aqui vou ter que alugar alguém por horas até me dar por satisfeita. Evito um pouco isso por motivos de: #ninguémÉobrigado.

3. Só aqui eu poderia colocar os pormenores dessa Coisa que é minha viagem na psicanálise e na "arte das palavras e dos sons", como diria Lenine numa de suas músicas mais aceleradas que eu já ouvi.

4. A psicologia tem várias formas de ver o ser humano e sua multiplicidade de lentes é o que me diz que eu fui feliz no meu percurso de escolher minhas ferramentas de trabalho, minhas atividades básicas de ganhar meu pão de cada dia rs. Sou psicóloga. Mas isso NÃO quer dizer que eu queira dizer de uma verdade sobre qualquer coisa, sobre qualquer ser humano nesse mundo. SE oriente, caro leitor.

5. Pronto. Pode ir direto para o texto a seguir... vá logo rs

Comentários felizes na rede social:

"Psicólogo é quem segura a mão do outro com o ouvido."

Kenny Teschiedel

C - Ou é quem te dá com a mão no ouvido?
A - Acho que poderia ser, dependendo da abordagem (linha teórica).
C - Às vezes eu levava umas chapuletada em análise, não nego!
C - Doía mais que peteleco!
B - Aí tá mais para psicanalista né não ?
B - kkkk me refiro àquele que te dá com a mão no ouvido rsrs

Chapuletadas à parte, a gente vai mesmo para análise é pra se ouvir e a angústia comparece justamente aí. As pontuações do analista que nos fazem arregalar os olhos ou simplesmente fingir não ter escutado é que nos movimenta: "Ande!" já dizia Freud.

Sobre Um Até Logo Ali

Fortaleza, 28 de novembro de 2017

Mulher,
Entre idas e vindas
Encontramos você
Engraçado é que em alguns dias te vi crescer

Olhos marejados de olhar coisas novas, o mar, a luz que pode haver num sorriso amigo. Te desejo Chico Buarque, Adélia Prado, Belchior (conterrâneo sobralense), Drumond, Fernando Pessoa com seu "mundo, mundo vasto mundo..."

Sei que mais vasto é o seu coração!

Te dedico Clarice para quem a liberdade é pouco. Sim, ela foi quem disse que o que ela deseja ainda não tem nome. Cá pra nós - ainda bem. É na tentativa de nomear que vamos nos emaranhado num oceano de possíveis nomes e isso é o que nos faz tão "caçadores de nós", parafraseando humildemente o nosso Milton Santos.

Esse Milton que diz que há que se cuidar do broto, pra que a vida nos dê flor, flor e fruto. Que diz que Maria é um dom, uma certa magia. Ele, para quem tudo que move é sagrado, e o fruto do trabalho é mais que sagrado.

Também te desejo Rachel de Queiroz (Sim! a primeira mulher a ocupar um lugar na Academia Brasileira de Letras é CEARENSE e hoje faria 107 anos.) Ela, em especial, escreveu sobre uma época mais renhida de nosso sertão. A seca de 1915. Encontrei-me com sua obra muito repentinamente e foi, de verdade, um reencontro com um ceará do qual sou filha e não fazia ideia.

Te desejo Manoel de Barros e suas brincadeiras de observar as coisas miúdas. A simplicidade de quem diz: que é água que corre entre pedras.

E, por fim, não poderia deixar de te desejar a você, alguém que vai longe! aliás, que já chegou, que tem muito pela frente. Ávida por preencher com sua voz o mais branco papel.

Não escute as dúvidas que, eu sei, insistem em brotar na cabeça da gente. Não duvide de um objetivo bem traçado e envolto de fé, como quem nina uma esperança no berço.

Quando chegar a hora de provar o quão forte és, lembre-se de que é você quem escreve seu roteiro.

Atrizes E Des(A)Tinos

Hoje precisava escrever um prelúdio para uma personagem no jogo de RPG (Role-playing game). Confesso que a criei tão, tão distante do que costumo pensar que fiquei contrariada e estranhei a situação de interpretar alguém totalmente avesso de como raciocino. Pensei nas atrizes e atores que fazem isso por profissão: O esvaziar-se de si durante uma atuação é algo que me impressiona! Como voltar a ser Fernanda depois de tantas Olgas, Luizas e Marias marcantes no teatro e na tv?

Como distinguir até onde é você e até que ponto é aquela interpretação perfeita que emociona e faz despertar desde os mais ternos amores aos mais avassaladores sentimentos de desprezo, ódio e repulsa como está acostumada uma vilã?

Nas ruas, Jade era a queridinha. Nazaré, no entanto, deixou boquiabertos seus telespectadores e nem mesmo o mais despojado de convenções sociais escapou ou ignorou as suas crueldades. No título: senhora do destino. No decorrer da história vemos que o destino não tem senhor definido e que, ao seu modo, na ação ou omissão, cada personagem tem de se haver com as circunstâncias que lhe cruzam o caminho... que lhe roubam o sono, valores e ideais. Cada desatino que acontece e o que fazemos com isso não é questão ética exclusiva da ficção, não.

Como construir minha personagem no RPG se tudo que faço é me queixar de que essa experiência me traz situações desconfortáveis? eu tenho andado muito presente no que faço.

Lá vou eu ladeira abaixo. já quis fugir e desistir disso de RPG, mas quem sabe se tentando eu acabo descobrindo coisas legais?

It's A Boy!!

Ontem soube que você é um menino!! Meu bebê, venha com saúde e seja meu garoto lindo da mamãe! Estou me segurando para não projetar em você algumas coisas minhas. Vai ser um exercício diário e difícil, mas vamos conseguir, *darling*!

Tenho ouvido muito aquela música "*Stand by me*" e pensado em você. Já ouvi anteriormente, mas procurei no youtube a versão que vi na tv e repito sempre que posso por que é a mais linda. Planejo cantá-la pra você e seu pai. Realmente é um pedido que vocês continuem "by me" mesmo quando a noite chegue e a terra se faça "*dark*" e a lua seja a única luz que podemos ver. Ela me fala de companheirismo e de união. De que você tem a mim e seu pai e nós temos você agora. Um pedido? *Stand by me*! Vamos pintar e bordar nesses meses que passaremos juntinhos, grudados, um ao outro, você vai ver!

Eu sou sua primeira casa e isso tem a ver com uma jornada para toda a vida. Um terreno que nunca pisei.

Beijos,
Sua mãe.

Linhas Da Espera Número 2

Na espera.
Ouvi seu coraçãozinho bater em um ritmo forte, próprio,
num compasso diferente do meu.
Isso me lembra que, embora estejamos juntos, somos um dupla
Uma díade: somos dois. Você e eu.
Seu pai também lhe espera e aí seremos quatro o melhor quarteto da vida! Haha
Mas, até você chegar pra toda essa gente, combinamos assim:
lá no íntimo das sensações e experiências difíceis de explicar,
na pele,
somos eu e você nessa espera.
Como a Malu muito bem cantou em seus agudos impecáveis: "eu vou torcer pra ser você e eu".

#Linhasdaespera

Meu amor,
A cada dia que se passa venho me imaginando com você, bebê.
Vi que você vem num tempo bom
Que eu não poderia estar mais feliz do que estou, senão eu explodiria de uma vez!
Que hoje sua existência é real e desde o início de minha união com seu pai você era sonhada(o).

Vamos ser você e eu
Você eu seu pai e Deus.
Quem costumava pensar que caminhava a três...

#venhasim
quero te apresentar coisas que me fizeram sorrir
quero te ver e te acompanhar em suas jornadas e invenções que já começaram!
curiosamente, dentro de mim.
verdade,
você vem de dentro de mim!
certamente vem pra ser alguém lindo nesse mundo e pra você eu vou cantar sempre que quiser,
prometo.

Travessias Número 1

No dia em que confirmaria sua chegada me vi a mais decidida das mulheres. Fui até ao shopping, comprei o teste e não me contive com o que aconteceu em seguida. Você não vai entender essas linhas agora e eu terei paciência o suficiente para esperar o momento de ler pra ti enquanto vejo teu sorriso largo. Aí sim, vou parar de imaginá-lo e vê-lo em suas edições ilimitadas.

Comprei. O que fiz depois foi comprar sozinha duas coisas. Um batom e três sushis por que só me sobraram R$5,00. A cor que escolhi era um tom que sempre tive vontade de ter. Não digo que nunca tive oportunidades, mas sim que nunca tinha me sentido forte e decidida o suficiente para fazer isso. Não foi só uma compra de um batom. Foi um compromisso COMIGO de me sentir bonita todos os dias, coisa que eu não estava fazendo muito na época.

O sushi. Foram três porque o troco daquela vez só tinha permitido esses. Não dei nem confiança para os olhares admirados da mulher do caixa: "como alguém vai parar pra comer três sushis?!" Eu diria, se possível, e estou dizendo agora: "minha senhora, às vezes três sushis não são apenas três sushis! "

Hoje e aqui nesse espaço eu quis dizer o que são. São uma parte de mim antecipando que eu, Samara, existo. Que eu preciso existir para não ser tão adoecedora na nossa relação de mãe-filhx. Ao pagar, não comunicar e sair sorrindo - não pela compra, mas pelo que se fez em mim naquele momento eu quis existir enquanto alguém que pode e fez algo do qual precisava. Imaginava há muito tempo de fazer e não encontrava forças internas para isso.

Eu sempre imaginei trabalhar na minha área de formação e poder passar num shopping e comprar ou comer algo. Esse foi o dia. Nesse dia todo especial em que você efetivamente chegou, chegou também uma nova experiência na minha vida. Uma experiência entre mim e a alteridade. Horas mais tarde você chegou e virou radicalmente nossos planos, no outro dia fizemos coisas que queríamos ter feito há muito tempo.

Eu pude me permitir fazer, realizar um sonho antigo (ele tem dois anos, desde que me formei, haha!) ainda que "bobo" para alguns.

Acho que estou mesmo numa travessia e sei que ainda vou estar quando você chegar. No entanto, essa travessia pode me fazer melhor pra te acolher e te amar como você precisa e merece. #VenhaSim

De sua mãe.

PS.: Gente, eu vou ser mãe! a ficha está caindo ainda.

Despertamentos E Olhos Bem Fechados: O Sujeito A Advir

Chico foi um encontro. Um esbarro com a poesia musicada. Ele sempre tem alguma composição que diz de mim, incrivelmente. A música Acalanto é uma delas hoje. Penso que esse pedido para que a pequena não desperte é um grito de quem precisa proteger, daquela pessoa que se imagina vivida o suficiente para dizer à outra: "não vale a pena, fica aqui". O despertar para outras coisas na vida é peculiar e, para alguns, trágico no sentido grego do termo. É amedronta-dor para quem se propõe a proteger o outro, ao passo que não deixa de ser libertador em algum nível subjetivo para quem desperta.

A adolescência geralmente é como chamam esse período de um certo "abrir de olhos". Ao abrir os olhos, o que cada um vai ver e o que vai fazer daquilo que vê é que são elas! Cada um com seus cada quais.

Para que protege há sempre um misto de: "dorme, não vale a pena despertar" com um imperativo: "pode ir, você precisa ir, eu sei. Eu também já fui um dia desses e cheguei até aqui". Na parte: "eu vou sair por aí afora atrás da aurora mais serena" é como se ele estivesse disposto a fazer tudo o que for preciso para evitar o despertar.

E o que seria esse despertamento? Os olhos antes fechados se abrem ampliando o horizonte de alguém que pode ir para outros lugares, agora que vê, ou vê melhor? Seria uma redistribuição da libido antes direcionada a poucos objetos e agora cheia de possibilidades à sua disposição?

O Outro adianta: não vale a pena. Valendo ou não há que se fazer esse movimento de separação, pois, ninguém suporta uma alienação eterna, pelo menos não deveria. E é justamente nesse movimento que se fazer adolescente é hoje um problema de muitos se adicionarmos a violência, os modos de subjetivação que reduzem as experiências cotidianas à agressividade, ao descaso com as pessoas, que traz o utilitarismo às relações e não só aos negócios.

A adolescência é reencenada em cada adolescente - parafraseando Freud em relação à psicanálise reencenada a cada análise que começa. E o contexto onde ela se dá é fundamental para entendermos seus "acontecidos" desde os mais trágicos e crus até os mais "bestas", como o primeiro beijo. "Besta é tu!" Me diriam alguns adolescentes... Kkkk eu diria: "gente, isso é besta sim, com o tempo vira coisa besta, 'bote' fé."

Fora isso existe toda melodia que é própria pra fazer dormir o acalantado. Além de todo o apelo, dos resultados antecipados presentes no "não vale a pena", nosso eu lírico ainda "joga sujo" utilizando a voz como seu aliado em fazer dormir.

Lembro muito de um movimento de balanço ao escutá-la. Além disso a voz enquanto significante de uma presença do Outro, no caso das crianças tem muito a nos dizer. Lembra das histórias "para dormir", repetidas e incansáveis até que o sono chegue e o Outro possa se ausentar dessa díade temporariamente?

A vida tem um quê de ir e vir, ficar ou sair, abrupta em suas atitudes.

Que meu ir e vir seja belo com você. #VenhaSim.

Venha Sim

Que dia!
dia de "bufos!"
Segura essa, querida!"
vai, anda...
canta alguma coisa antes que te sufoquem as palavras
vim escapar aqui no blog
vim burlar, fazer alguma coisa com isso.

Estou... bem
ai, não sei.
sim, tô bem
tô indo.

Pra onde? Não faço a mínima ideia.
Isso é um enigma.
Não sei se do mesmo tipo da esfinge...
mas que é enigmático isso é.

Isso é surreal.
Chamo de Isso essa experiência, não me levem a mal!
tô bem
feliz
encrencada
intimada a dizer
intimada mesmo

tô bem
vou ficar cada vez melhor
vou ficar de um jeito que nunca fiquei
só eu vou saber na pele como que vou ficar

mas querer dizer sempre acalenta
querer dizer é uma forma de existir

ou continuar existindo.
venha sim, venha bem.

venha que eu canto aquela música da Malu pra você:
garanto afinação e afeto pra vida inteira.

Vou lhe assegurar poesia e música estranha, "de velho", enquanto você pode aprender com elas a gostar das coisas mais estranhas e velhas.

Por que o novo
amedronta e ao mesmo tempo faz crescer.
venha sim.
Achegue-se e aconchegue-se.
tem muito de seu nesse lugar.

Poema De Quem Nasceu

Você
que nasceu e provocou outro nascimento
o meu.

agora como mãe
mas não só
agora como 'mãn'
e tudo que pudermos (não) ser

Quem dizia #venhasim
agora diz: #fique
Amo sua mão na minha
Amor é se dar.

Mom's Day

Se tudo correr bem uma mulher é mais que mãe, é o que ela puder ser.
Feliz dia das mães!
Sei que é só domingo mas todo dia é dia de celebrar a vida e as pessoas que caminham com a gente.
Aliás, no caso das mães, são elas que desejam, na maioria das vezes, nossa existência antes mesmo de nos entendermos como gente!.
Todo amor e força à minha mãe e a todas que lêem essa pequena homenagem.
Há um ano e quatro meses eu celebro, também, minha maternidade. Não foi fácil. Mas é lindo esse caminhar com meu pequeno e meu marido. Agradeço muito às pessoas que estiveram comigo nos primeiros meses que chamam de puerpério, que souberam acolher nossos momentos e estar ali, sempre.
Feliz dia das mulheres-mães-mestrandas-profissionais-esposas-escritoras-artistas-cientistas e com todos os adjetivos que quiserem ter.

Mestrado, Pesquisa, Ação

Pesquisar
Pensar
Fazer
Perguntar
Inventar
Modos de ver
saber

Deixar para alguém
Bem mais do que um
"tudo bem?"

Provocar
Instigar

Dizer de muitos
O que tão poucos querem ouvir.

Escrito em (30.07.18)

#Crônicasanunciadas

De uns tempos pra cá venho sendo esperança ambulante pelo mundo. Não digo qualquer tipo de esperança. Venho enxergando tudo possível, embora às vezes difícil, mas mesmo assim realizável junto ao meu amor.

Não sei exatamente quando começou e nem como. Sigo. Não com a sensação de estar sozinha, mas com a certeza de ser muitas e ter muitos lado a lado comigo nessa luta diária de resistência e existência apesar dos pesares urbanos.

Hoje li que escrever nada tem a ver com significar, mas agrimensar, cartografar, nem que seja regiões que ainda estão por vir. Surpreendi-me com essa perspectiva.

Se escrever é cartografar regiões 'por vir', quero escrever as potencialidades dos que resistem às ondas de assujeitamento necropolíticos.

Inter-ver as linhas de fuga dessa trama tão bem armada quanto descentralizada nas muitas faces de um Estado que, pode até não ser o ator direto, mas com certeza é cenógrafo de uma história já anunciada para as juventudes das margens urbanas desta cidade.

Vamos lá. Mais travessias são necessárias e, como bem disse Milton: "já não quero parar (...)".

Escrito em 14.07.18

#Cada Vida Importa

Você chegou e cativou a todos
Sorriso largo e desespero pelo que viria depois se contrastavam,
mas o sorriso sempre vencia
é assim que vou lembrar de você.

No dia em que, talvez uma nova etapa começaria em sua vida
Te fizeram ir.

Você foi para os que te conheceram um bom encontro
Desses em que achamos, por exemplo, um livro
que se torna depois nosso favorito

Desses em que encontramos alguém ao acaso
e que nos evoca boas lembranças
Tão boas que acabamos por desejar:
Quem dera tivéssemos marcado mesmo esse encontro!

Para alguns você foi mais uma na lista de jovens que foram embora cedo demais - como diz Renato Russo
Ele mesmo observou que é estranho:
Os bons morrem jovens.
Infelizmente essa realidade é crescente na nossa cidade.
Eu não diria que é estranho, eu digo e grito se preciso for que é revoltante!

Você só queria existir,
Na vida dos seus, pequenos e grandes
Nos laços cultivados e que eram visivelmente fortes
Como eles eram tão fortes?
eu me perguntava enquanto te olhava.
Você cuidou bem,
cotidianamente, daqueles que lhe queriam tão bem
Mesmo sem ter laços consanguíneos

Para eles, resta o seu sorriso gravado na memória
as fotografias de um tempo que não deveria ser nostálgico,
pois você poderia, sim estar entre nós.
aquele grito preso na garganta que, se ouvido,
clamaria por justiça no mundo dos injustos
- injustos e apressados em decretar, consentir
o fim de uma vida sob a justificativa de um "envolvimento".

Resta o resto do choro baixinho em uma ligação,
A sensação de que nada aconteceu e você vai aparecer na porta a qualquer momento
com aquele sorriso do início, obviamente.

O resto em uma conversa detalhada sobre o ocorrido
Os detalhes podem ser entendidos enquanto formas subjetivas de apreender o horror que a morte nos faz tocar.

Diante do Real da morte resta-nos evocar as palavras,
o Simbólico
que ampara minimamente a existência do sujeito da linguagem que somos.
Cabe a cada um escapar nas palavras para não deixar de viver, resistir:
amar e mudar as coisas nos interessa mais, diz nosso Belchior.

Quanto ao que não posso mudar: resta-me a revolta.
dizê-la por meio de todas as formas que sei.
Falar que o fim de sua história e de tantas não pode passar despercebido,
eu grito sim, por que é preciso!

O calar de uma perda quer responsabilizar o culpado para ter sossego,
ou pelo menos acredita que sim, seria possível sossegar.

Sua vida importava sim, cada vida importa.

É por isso que sinto, digo, escrevo, canto, leio, pesquiso.
Você importa, esteja onde estiver.

Sobre Cotas E Minha Alfinetada Em Plena Rede Social

Não sou de dar alfinetadas. Geralmente o silêncio é a minha saída por que a galera costuma ser intolerante nas redes sociais e na vida. Eu também corro o risco de ser intolerante ou ser chamada disso. Mas tem certos momentos que eu falo.

São raros, mas nem é na tentativa de fazer a pessoa mudar de opinião. Longe de mim tal objetivo fracassado desde o seu início. É mais pra dizer meus motivos e deixar claro que não partilho daquele modo de pensar e expor os fatos, exemplos, dados e evidências. E que eu levo em conta isso tudo, não só a minha opinião para formular e reformular meu ponto de vista. Formular e reformular, no meu caso acontece com frequência, enfim.

Sou irremediavelmente contra o pensamento de que as cotas seriam uma forma de dizer para aquela pessoa que ela, por se enquadrar e usar as cotas para entrar na Universidade PÚBLICA, está sendo DIMINUÍDA, ou SUBESTIMADA, afinal, "todos temos a mesma estrutura cerebral" (sim, já ouvi essa e também não me dei ao luxo de calar) ou que "falta perseverança, atitude, e é vitimismo precisar das cotas para entrar na UNIVERSIDADE PÚBLICA. enfim de novo.

Li dois comentários de professores que achei super alinhados com o que tenho pensado sobre cotas e dei minha alfinetada também:

Maravilhosos os comentários. Partilho da visão de vocês, professores. Entrei na UFC um ano antes das cotas, mas nesse um ano antes tive pela misericórdia de Deus uma bolsa de estudos em um colégio bem avaliado na minha cidade. Isso foi fundamental para que eu pudesse alcançar o desempenho necessário para passar em psicologia na UFC Sobral.

Tenho plena consciência de que minha história não se repete facilmente, que as cotas são medidas imediatas, paliativas, extremamente necessárias num país tão desigual como o nosso e no qual as políticas públicas de longo prazo não são executadas por vários motivos.

Dentre eles: as políticas públicas imediatas podem ser usadas na propaganda eleitoral midiaticamente; as de longo prazo são vistas como improdutivas do ponto de vista da politicagem; por outro lado seria a intervenção mais adequada para a situação de vulnerabilidade que é ser pobre, negro, morador das margens urbanas no Brasil de hoje.

Não só sobre cotas: precisamos falar sobre SUS, sobre direitos humanos, segurança pública, economia brasileira, juventudes, violências, racismo estrutural, sobre a atuação dos três poderes: Judiciário, Executivo e Legislativo. Não podemos nos calar em tempos como esse. Calarnão é opção diante dos retrocessos iminentes e quase que inevitáveis. Em poucas canetadas lá se vão direitos conquistados e produtos de anos de debate. #Resistimos #cadavidaimporta #precisamosfalarsobre #issoéBrasil

Um Fevereiro

sobre o chão
mãos
Lemisnk e suas brincadeiras me encantam
Fico aqui pensando se algum dia alguém iria avidamente querer entender minhas associações de palavras
acho que não.

No entanto, são minhas
apesar de que eu não saiba ao certo dizê-las
como sempre, não desisto.

não vejo como uma opção desistir
seria
DESexistir
deixar de existir
nem que seja nesse blog

que ferva esse Fevereiro!
por mais que chova e o tempo seja ameno como minha esperança.

365 Poemas 28 De Janeiro 2020

2020 é um ano que não passa despercebido
Tenho comigo essa suspeita quase que profética
Há um ano nasci como mãe é algo que preciso comemorar, sério.
Comemorar porque cada mãe tem seu jeito próprio de ser e o meu percurso foi difícil no início por questões minhas mesmo.
Mas hoje está lindo experimentar e errar e está tudo bem aprender errando.
Lets Go nessa travessia de ver meu baby crescer e procurar fazer o melhor de mim pra ele nesse processo.
Hoje vejo suas primeiras fotos e fico admirada com o quanto ele cresceu!
De um bebê que só balançava as perninhas a um bebê que quer andar por todos os lugares possíveis e imagináveis!
Quer explorar os diferentes timbres, texturas e formas.
Que cada vez mais expressa suas opiniões, nem que seja se jogando pra trás quando se vê sem um objeto.
A introdução alimentar é um misto de: ai, meu Senhor, ele vai engasgar! Com um leve: "não, ele sabe como comer essa bolachinha... O pedaço na mão nem é tão grande e ele já comeu milhões de vezes. Vou observar atenta e pronta pra tudo!
E ele dá um show de como comer devagar e mastigando bem, ufa!
Comer a cada três horas está sendo uma reeducação pra mim e vamos juntos na relação com a comida, estou reconsiderando a função dela na minha vida e ajudando-o construir a dele.
Outras demandas surgem, me chamam e vou.
Trabalho, interesses futuros, projetos e estou lidando com isso de não poder estar em dois lugares ao mesmo tempo.
Penso que é preciso faltar até pra gente se encontrar de novo e ter o que partilhar:
"fiz isso e aquilo! Lembrei de nós, rs."
E a melô de 2k20 que não poderia deixar de pontuar:

Eu que lute!
Essa frase é pra mim a intimação, chamamento a sair diferente de 2020
Já falo do fim desse ano mesmo estando no começo porque o tempo voa, passa e a gente nem vê.
O importante é perseverar e keep going.

365 Poemas - 25 De Janeiro

Não sei bem se vão ser 365 poemas
perdi o ritmo de escrever e vim agora pensar sobre isso
hoje quase ao final de janeiro penso com incertezas que me apertam o peito.
quase não consigo respirar de tantas perguntas ecoando irreverentes, embaraçadas...
Um sorriso e tudo fica bem.

365 Poemas - 12 De Janeiro - Dos Nadares Nesse Mar De Vida

- E o que você pode fazer?
- Nada
- Esse nada emudece, consome, encarece seus tostões de sono e paz...
- Uns carecem de tudo
- Tudo ou nada
- Nada somos e isso u ó... de alguém que queria poder fazer do mundo inteiro seu avesso
-seu recomeço.

365 Poemas - 4 De Janeiro Don't Stop, Thanks!

Voltar aos lugares e pessoas sempre foi bom
bons encontros me refrescam os ânimos
Work out, Work in
Sempre tenho que não fazer algo que quero e isso é "brabo"
como dizem meus conterrâneos de Siará

Gosto de criar
Os movimentos do pensar me atraem mais que imã de 500kg e o metal
tô falando sem sentido
é melhor eu não parar por aqui!

365 Poemas - 3 De Janeiro - Fantasy

Quis jogar
joguei
- "moreno,
o que eu não faço quando você me pede?"
quis dormir
cá estou eu
tão acordada como alguém que tomou uma cafeína de 500mg
cá estou eu na cama
trouxe o trabalho pra mim enquanto você me sonha ao teu lado
você diz dormir sem querer

e eu,
não querendo mais ainda te acordar
do teu sono fantátisco
literal e literariamente *fantasy*
ainda vou escrever sobre esses sonhos tão reais pra você
ainda vou colonizá-los com a minha escrita
capturá-los nesse teclado e mouse
final
fantasia e sonho de mãos dadas como nós.

365 Poemas - 2 De Janeiro - Já É...

"já viu,
já é
já deu"
você
o centro da cidade
andar pra lá
amar pra cá
e eu

nos meus segundos sublimes
felicidade
olhar bobagens
dizer "miolos de pote"
te fazer rir junto
ver o que acontece como se já soubesse
muito.

Notas (Des)Importantes

Anoto
Sem necessidade, às vezes,
Escrevo
Escrevo para não esquecer
às vezes para relembrar
Outras, para enterrar debaixo de sete chaves
coisas inúteis
- Debaixo de sete linhas, aliás.

Escrever é coisa útil hoje em dia
Para mim,
significa cravar significantes
que antes flutuavam na minha fala
Cravar com força, fixar
Dar um basta nos movimentos metonímicos dos desejos
sempre insatisfeitos
de todo dia

Slave do significante
que me constitui sujeito de uma enunciação
Essa mesma, que me escapa
Livre nesse uso simbólico
rumo à cifra do gozo irrefreável
inquieto e misteriosamente fatal

Escrevo
Para (me)dar conta de mim. Escrito em 29.12.17

Sobre O Ser

Sou.
Não,
Digo: era
Uma vez
    Duas
        Três.

Quantas vezes
Fiquei sem estar
Sem ser
Sem rimar?

Queria
Ser sempre minha
Mas nunca sempre dá
Às vezes, talvez.

Sujeito
Sujeita

O que é?
Assujeitar-se?
Ser sujeito de algo
Surgir
Emergir

De relance
Estar
Por não estar sempre ali

E a psicanálise me segue...
Ha! Peste!
Brincadeira...

Digo: leia que preste!

Fortaleza, 14.09.19

Seu Niver E Sobre Nós

Bem, aos meus 17 anos, nos casamos. Para alguns, cedo demais. Para outros, no tempo... Curioso é que fomos ver o filme *In time* em nosso primeiro encontro juntos!

Antes disso tivemos os Encontros Universitários e me chamou a atenção seu sorriso. De lá para cá muito aconteceu. Altos e baixos meus, minhas emoções me fazendo de boba. As montanhas russas de meus padrões de amar e vice versa me dizem que eu talvez não fosse tão madura como costumava me sentir. Lembro de sentir-me insegura. Embora sentindo-me capaz e apta a conquistar o que fosse impossível com você ali, comigo. So... *I am here to say that I love you every day. Love us. You teach me so much.*

Pode contar comigo, meu amor.

Feliz Dia Dela

Feliz dia da voz conhecida por mim desde muito cedo, que me dizia sempre para "ser alguém na vida". "Olhem, eu só deixo pra vocês o estudo, procurem estudar e ter uma profissão, um trabalho!". Isso ecoa em meus ouvidos de tantas as vezes em que escutei.

Feliz dia do sorriso lindo, que eu desejava provocar, ser o motivo, a cada fase dos tão importantes "estudos".

A universidade não foi tão simples de alcançar e a minha mãe, foi quem lutou ao meu lado e acreditou na possibilidade desse sonho quando nem eu mesma sabia o que aquilo significaria para mim, hoje.

Quando eu menos acreditava ela estava lá pra relembrar que não chegamos ao lugar se não dermos nosso passo a frente, com medo mesmo, assim mesmo.

Obrigada, mãe.

Pense: É Isso Mesmo?

Estou num trabalho de pensar. Chacoalhar as certezas óbvias demais e já bem definidas pode parecer desnecessário, mas não é. Essa proposta, longe de ser mais uma daquelas que "o mestre mandou" (sim! Me refiro ao discurso do mestre em 'lacanês' mesmo) é uma aposta, intimação. Se há algo que nos intima ao posicionamento subjetivo, esse algo é a análise, o discurso do analista.

Observando meu filho e seus objetos tive esse efeito do 'só depois': quando não conhece um dos brinquedos ele pega, chacoalha, vê suas cores e, claro, quer engolir. Nesse ponto vem a interdição de dizer que é sujo, etc. E a retirada do objeto, não sem choro, não sem protesto.

Eu cá, chacoalhando as minhas certezas faço ressoar essa questão: É isso mesmo? Se não for, o mundo não vai desabar. Não eternamente. Precisa ser isso mesmo? Porque? a quem interessa que seja? A mim ou ao Outro?

Se sim, há que se cuidar do broto, né Milton?

Se não, paciência. Não posso ser, ter ou fazer tudo mesmo e ainda bem que não. Esse é o lugar de Deus e sempre será.

Essa intimação faz circular a palavra e não a sufoca em demandas alheias.

Provoca, e implica o sujeito. Qualquer que seja a resposta. Sim ou não.

A Educação Como Um Impossível

No ensino fundamental tivemos um concurso de frases em comemoração ao dia do estudante. durante a aula de português fomos solicitados a "bolar" uma frase relacionada a esse 'ser estudante'. Não liguei muito, não queria desesperadamente ganhar, mas pensei e bolei a seguinte pérola:
"Todos somos estudantes, pois o conhecimento não tem fim".
Coloquei meu nome e entreguei. Durante o intervalo eis que ouço meu nome pela rádio da escola como ganhadora. Fiquei surpresa, mas gostei de ter ganho um kit escolar embora modesto. Outras duas meninas que eu considerava como amigas não gostaram e interpelaram perguntando por que eu tinha dito que não queria ganhar e fui escolhida. Curiosamente, porém não à toa, não lembro minha resposta. Não lembro como lidei com isso. Só sei que de fato não queria ganhar, apenas veio, oras!
Recentemente conversei sobre a educação como um impossível, já dizia Freud. Mas, por que? Quem quer educar o faz por que acha que está minimamente certo, que o seu conteúdo faz bem e é importante. O educando, embora resista a esse processo na maioria das vezes, sente-se preso a ele, preso ao ser estudante, à escola, ao saber e, pior, ao TER QUE saber. Preso com um nó e não com um laço.
Entre nós e laços há que se discutir as diferenças e as semelhanças.
Fazemos da nossa relação - de ensino ou não - um nó quando sufocamos o outro em nossa avidez de que ele aprenda, entenda, imite, tal como um espelho ou até mesmo responda de volta exatamente o que falamos, como um eco. Eis o mistério de como avaliar melhor nossos (socio)educandos sem exigir deles essa resposta exata, idêntica e igual, tomando-a como significante do nosso suposto "sucesso" na empreitada de ensinar.
Fazemos da nossa relação um laço quando, a qualquer mo-

mento o outro pode sair dele e nele sente que é parte de algo bonito. Laços existem quando silenciamos em nossas expectativas e tomamos a posição nada confortável de que o outro pode, sim, nos responder a seu modo e - pasmem - está tudo bem!

    A educação é um impossível por que ela não é feita só de um e sim de muitos, de pelo menos dois. E quando é dois nunca é um só.

E Por Que Você Fez Isso?

"Seguir regras é muito mais fácil do que arcar com as consequências de não seguir" vi num post na internet. Ela traduz de forma simples o que quase veio goela acima após essa pergunta que trago no título. Regras. Por que existem? para nos lembrar que, embora desejemos muitas coisas elas não são tão possíveis nem estão disponíveis no momento em que mais queremos?

Caros amigos, em psicanálise, estamos falando de castração. Castração traz a discussão sobre a falta - em nós e no outro - e faltar não é tão permitido no discurso capitalístico, sabemos.

Faltar à aula, ao trabalho, à consulta e ao rolê.

A falta nos remete ao furo naquilo que se apresenta inteiro, 'perfeito sem defeitos'. Nos lembra que nem tudo é, nem tudo dá pra fazer, mas isso não quer dizer que tenhamos que deixar pra lá, afinal, na insistência e malemolência de existir podemos encontrar soluções e até descobrir que o que faltava, faltava por uma boa razão.

Voltando à frase, senhores.

Seguir as regras (im)postas por ser mais fácil do que se haver com os resultados de não seguir: realmente as regras existem por motivos de sobrevivência da civilização, organização da sociedade, etc. É mais 'fácil' Seguir a maioria e ser mais um dos tantos cumpridores de normas. Fácil e rápido também olhar para os transgressores e condená-los aos mais cruéis destinos com zero remorso. Fácil é seguir as regras.

Mas, será?

De um jeito ou de outro, há o mal estar em nós e nessa civilização que se organiza por meio do adiamento das satisfações, ainda que sejam mínimas, como escolher entre comer um sorvete ou não advertida de que isso implica adquirir calorias a mais. Arcar com as consequências da transgressão implica, principalmente em estar pronto a 'pagar' pela decisão de ir às últimas consequências de seu desejo mais que advertido. E essa conta cresce caso a transgressão seja recorrente.

Transgredir também provoca questões no Outro: porquê? por que transgridem? o que deu errado? o que dá certo para que não haja transgressão?

Eis o mistério da fé, da existência e, principalmente aos que transgridem: da resistência.

Mais Uma Do Amor E A Relação Arte-Psicanálise

Acompanhar o Jason tem sido muito bom. Vez ou outra me deparo com músicas infantis que me remetem às minhas questões da constituição subjetiva e tantos outros temas em psicanálise. Hoje falo do amor.

Desconheço assunto mais badalado, desde as mais variadas formas de expressão artística ao discurso científico. Não à toa, quanto mais se diz sobre o amor mais se tem a dizer.

Ouvi com o Jason a música "O rato" - do grupo infantil Palavra Cantada. Na verdade, escutei novamente porque já tinha ouvido. Ela me chamou atenção de início porque começa com uma generalização: "Todo rato isso... todo rato aquilo... Mas sempre tem um que é diferente, até surpreende a gente..." E nos deparamos com um rato em busca do seu amor, de alguém para amar, de ser feliz.

Lua

Nuvem

Brisa

Parede

A todas, uma por vez, ele exalta uma de suas características e declara ser "o mais lindo amante". Engraçado: realmente há que se ter uma pontinha de autovalorização na saga da conquista, nesse trecho, ele se diz "o mais lindo...". O nosso protagonista propõe casamento e situa diferentes cenários para o altar dessa união. Aqui me lembrei de que um relacionamento é também cheio de concessões: quem nunca tentou conciliar ou sacrificar coisas numa relação? Se não há disposição para esses sacrifícios a relação não costuma durar tanto... Duas cabeças pensantes destoam diariamente e o que fazer com isso é que são elas!

Vemos nosso ratinho levar foras de todas as senhoritas. A cada negativa ele vai se cansando, não é fácil não, bebê!

A negativa delas me chama a uma reflexão: o ratinho evoca nelas suas características mais emblemáticas, como se construísse o objeto de amor perfeito, sem furos. Elas, de cara já dizem que não são de fino trato pra selar esse contrato e apontam, cada uma, sua falta. A lua diz que a nuvem lhe cobre, a nuvem afirma que a brisa lhe dispersa e a brisa considera que a parede pode lhe barrar. A parede alega que mesmo sendo dura a ratinha bem dentuça lhe escavuca e ela sim saberá como amar o ratinho em questão.

Em todas as respostas há a referência à felicidade: Olha, ratinho, a outra ali é que lhe fará feliz!

Aqui vale a reflexão de que realmente o amor do outro é, por vezes, tomado como um meio de ser feliz e quando não há mais a garantia dessa sensação questiona-se se o amor acabou. Sou da opinião de que outro nenhum poderá garantir a felicidade por que ninguém é perfeito, completo e sem defeitos que assuma e satisfaça essa demanda.

A ratinha sim, fala sobre isso no trecho: "Eu, que SOU assim de fino trato pra selar esse contrato... Mesmo não sendo perfeita, eu SOU a ratinha eleita"... admite sua imperfeição, mas ancora-se no fato de que foi A Escolhida, e diz ter faro certeiro de que com o ratinho será feliz.

E aqui, amigos, temos um dos detalhes mais belos para quem estuda psicanálise e arte: Um ato falho (falhado) lindo de se ver, quando a ratinha diz que espera um grande QUEIJO, ops, BEIJO! desse trecho só consigo pensar no desejo como metonímico e no inconsciente enquanto uma suposição que está Na Linguagem! Lá onde falamos ele aparece denunciando uma outra significação da qual, quase sempre, preferimos ignorar, recalcar, não-saber. Ressalte-se que o original alemão do que chamamos Inconsciente é *Unbewusst*, não sabido!

Enfim, sigamos com esses (não)ditos e cantados, com essas tentativas de dizer.

Eu, Clandestina

Esbarrei nessa palavra.
Esbarrei e a contornei sem encostar nela como quem não quer saber o que ela tem a ver comigo. Logo eu, representante afoita dos deveres cumpridos, da legalidade!
Eu, clandestina?
Mas, só depois, como diria Lacan... a gente vai ligando umas coisas e outras e daí se refaz. Ou desfaz.
Ou melhor, tenta costurar os retalhos esgarçados de um eu irremediavelmente equilibrista entre o Isso e o Supereu.
Liguei o Clandestina com o conto da Clarice Lispector *Felicidade Clandestina*. Lindo de se ler... um verdadeiro encontro. A felicidade é tangível? ou é algo que, de tão singular, nos escapa no momento mesmo em que cremos tê-la agarrado (como quem se apega a uma boia em alto mar e, detalhe, nunca quis aprender a nadar)?
Porque a clandestinidade?
Por que não ser algo dentro da lei, seja qual for a legitimidade disponível?
O que tem de tão cativante no além-da-lei, da norma, do permitido?
Por que existir de pequenas clandestinidades
se o que se ouve mais hoje em dia é o dever e o devir de ser verdadeiro, transparente, sincero?
não sei, confesso.
A menina do conto mantinha o livro mas não o devorava,
não queria ler de imediato, supondo assim que prolongaria aquela sensação indizível.
Já não pulava em direção à sua casa, mas ia devagar e inventava os mais variados motivos para estar em degustação com o livro.
A menina e seu livro,
a mulher e seu amante.
São esses os deslocamentos usados por Clarice ao final do texto.

Ao final desse meu, digo que amante pode significar várias coisas: a menina e seu livro, a mulher e seu *objeto amado.* Seu objeto de amor seja ele uma pessoa, crença, lugar, ideal. E mais uma vez chegamos ao amor. Digo isso porque meu último texto tinha sido em torno dele. Esbarrei nele aqui entre uma felicidade clandestina e a menina. Já diziam os novos baianos que "...a menina dança" no canto do cisco, no canto do olho, dentro da menina ainda dança até o sol raiar... Sim, ainda dança a menina clandestina, dança uma felicidade minha.

A Mulher E A Palavra

Mulher
O que é?
E eu é que sei?!
Pode ser tudo
Pode ser
Pode
Ser um pouco
Ser demais
Ser

Mulher é
Enigma
Confusão
Alucinação
Miragem
Barragem

O c e a n o
R i o
M a r
Palavra
Linguagem

A mulher é...
Cadê?
Ironia, né?
Não tá mais aqui quem sabia!
e sua resposta, qual seria?

Quarentena Mood

Hoje percebi que há tempos não saio de casa. Que 2020 tem sido um ano atípico desde seu início e em abril provavelmente vamos nos deparar com as férias escolares que eram pra ser vividas em julho. Detalhe: férias em março sem poder sair de casa por que um COVID-19 está a solta. Isso me lembra uma das últimas aulas que tive de psicologia e saúde (antes da quarentena ser decretada no estado) no qual falei sobre a chamada 'normatividade vital'.

O que é isso? bem, é basicamente a problematização dos critérios que definem o que é ou não saudável, normal, regular, esperado. Exemplo prático: Do coração de um adulto o que é esperado é que esse órgão tenha x batidas por minuto, ou seja, a fisiologia e anatomia nos indica essa média que é considerada padrão, o normal. A pessoa cujo coração tem batido acima dessa média é considerada doente no sentido de que seu órgão está acima do esperado. Ela, então, recorre ao clínico que vai prescrever a medicação que fará seu coração se adequar à média, além de outras recomendações. Nesse exemplo bem simples vemos o critério para definir o normal e o patológico. Mas e em outras situações, por exemplo, de saúde mental?

O que define uma ansiedade 'comum' de uma ansiedade 'patológica'? ou uma tristeza, angústia, etc.? Pensar os critérios dessa normatividade é pensar nos parâmetros em torno dos quais a vida, a nossa vida acontece.

Voltando à aula de psicologia e saúde, lembrei dela por que num trecho do texto relembramos com o autor um tipo de normatividade denominada 'ontológica' relativa ao ser. Ela se dá quando, ao definirmos a doença definimos pela presença ou ausência de um agente causador. No exemplo do texto vemos a descoberta do micróbio como agente causador de muitas doenças e da morte de grandes populações.

Lembrei dessa normatividade por que hoje falamos de um vírus letal, inimigo invisível com alto poder de contaminação. A incidência dessa pandemia nos movimenta enquanto coletivos a pedir a colaboração uns dos outros a fim de diminuir a taxa de novos doentes, de incidência - conforme diz o termo próprio à saúde coletiva.

Vemos que uma questão de saúde-doença-cuidado-prevenção tem influenciado (e com razão) todo um cronograma anual a ponto das férias de julho serem antecipadas. Junto-me a todos no desejo de que essa situação se normalize e possamos voltar a circular sem medo, sem pavor, seja do que for, conforme as questões existenciais de cada um. Fica meu apelo para todas, todos, de que possamos nos unir e fazer o que nos é orientado, pelo menos no que se refere a essa pandemia, rs.

Se pudesse, deixaria sugestões de como não enlouquecer em casa, de como curtir esse momento tendo com ele um olhar mais positivo, mas a casa e o lar de alguém é tão particular, que não me arrisco a generalizar. Por aqui, tento produzir algo que me apazigue, e, detalhe, por trabalhar num serviço considerado especial não parei de trabalhar presencialmente. Por aqui tento cuidar de mim e dos meus amores (marido e filho de um ano e dois meses) e isso tem preenchido meu tempo. Venho ser outras e dizer disso tudo aqui.

Vez em quando assisto vídeos do youtube, e tiro algumas linhas da cabeça como essas. Olhe em volta e veja o que pode ser feito do seu lado da tela. #stayhome #quarenteam.

Escutar Não É Fácil, Ouvir Não É Acolher

falar
em lives, posts
ver essas lives e aulas online
ouvir
aquelas live-shows que todo mundo marca presença
ouvir os outros, a nós mesmos
a nós mesmos: será?

 Em tempos de quarentena não tem sido fácil ser um ser de linguagem. Há tantas vozes e parece que o isolamento social quis intensificar o número e o volume delas. Às vezes baixar o volume não basta, colocar no zero aquele botão gigante dos rádios de antigamente seria mais eficaz. Experimenta. Coloca no zero e se escuta.
 Ouvir não é acolher assim como ver não significa enxergar. É necessário um posicionamento que reconhece aquele visto e ouvido como um outro que merece. Merece dignidade de ter a sua atenção. Se podemos e precisamos fazer isso, dar qualidade à nossa escuta e ao nosso olhar em relação ao outro (ressignificando nosso entendimento de alteridade) por que não começar conosco?
 Que bilhete você deixaria para si mesmo? se pudesse cantar uma música preferida como presente seu, qual seria? você é sua platéia mais íntima. O autocuidado pode passar pela experiência de ir ao cabeleireiro, um corte novo, talvez? à manicure, para ela dar um jeito naquele canto de unha que você não sabe resolver e que dói, te lembra que está lá através da dorzinha... ha! a dor... a dor nos tira o "silêncio dos órgãos" (esse silêncio era o mesmo que 'saúde' para um antigo médico que não lembro o nome agora, mas foi citado por Canguilhem, outro antigo médico e filósofo).
 Voltando desses detalhes e devaneios bobos: autocuidado também pode ser se escutar. O que você tem dito? a si mesmo e

por aí?

Dia Do Livro

Nem sabia. Vim saber dessa data comemorativa hoje, agora. "Nessistante" como convém a todo bom cearense dizer.

Vejamos, que linhas quero escrever diante desse dia que, não é feriado, mas deveria? O que está entre meus dedos de palavras, memórias, e histórias sobre a minha relação com o livro? Vem de muito tempo essa amizade. Nunca fui de muitos amigos, mas o livro tem sido companheiro de diversas situações. Sempre gostei de ler, acho que foi daí que peguei gosto de escrever, sabe?

Sou de um tempo em que a professora passava trabalhos especiais e com temas complementares aos assuntos curriculares e tínhamos que ir à biblioteca municipal para "achar as respostas" das questões levantadas. Hoje me parece quase como uma caça ao tesouro! Foi assim que cheguei aquele lugar especial, com estantes, mesas, cadeiras e uma bibliotecária atenta à manutenção do silêncio, tão sagrado para o ambiente. Silêncio que não combinava com a galera indo toda de uma vez: '- que horas você vai? - acho que umas 14:00. - tá bem, te vejo lá!'

Foi nessas pesquisas que comecei a pegar livros emprestados e frequentar regularmente o universo cheio de enigmas e achados mais conhecido como biblioteca. Todos achavam chato, mas pra mim era aventura. Difícil dizer qual foi meu primeiro livro. Realmente não sei. O que fica dele é que foi importante e marcante o suficiente para instaurar em mim uma busca pelos novos bons encontros, por achar mais livros marcantes dos quais eu possa usufruir nessa busca cujo objeto sempre escapa.

Além dessas memórias... queria um livro para chamar de meu (como autora kkk). Acho que estou perto de tê-lo, mais perto do que nunca. Enquanto isso tenho esse blog e vocês como leitores, embora eu, meu supereu melhor dizendo, os imagine nem tão interessados nesses meus devaneios, mas, enfim, sigamos!

Como gosto de sempre ressaltar que somos nós os que fazemos as coisas existirem e resistirem ou não aos apelos do

Outro, ressalto aqui um detalhe que até então esqueci: Os livros, são feitos por nós, pessoas, sujeitos, barrados, divididos, indivíduos, humanos, seres de linguagem, falantes e amantes, também reclamantes, pois, há que se queixar de alguma coisa e reconhecer nisso sua devida humanidade (mesmo em tempos de quarentenas, imperativos de positividade, gratiluzes e etc.).

E por isso precisamos pensar com cuidado no que propagamos por aí, no poder da palavra na vida das pessoas com quem interagimos.

Vi em algum lugar que ler um livro é beber dos pensamentos daquele autor. Nada mais verdadeiro. Olhando mais de perto, acontece uma série de etapas nesse consumo: enquanto bebemos nós os digerimos e tiramos proveito das substâncias-ideias ali contidas ou escolhemos não usá-las como referência. Não só discordando, mas, repensando, extrapolando as possibilidades ali consolidadas.

Feliz dia do livro. Que algum livro seja achado por você e que seja um bom encontro. Em tempos de quarentena um livro pode ser tudo o que precisamos para existir.

Poema De Quarentena

Gotas de mim
de sede morrerei
eu
nada nadei.

O Que Fazer Com O "Não Suporto Mais A Convivência Em Casa Nessa Quarentena!"?

Mais do que saber o que é saúde mental, bem estar, sentir-se útil, produtivo e 'a todo vapor' mesmo em meio ao confinamento pelo bem próprio e de todos... e blá blá blá. Há que se prestar atenção nas dificuldades vividas e até escondidas na rotina acelerada de todo dia (todo dia que não seja pós pandemia, claro).

Talvez pense ou já tenha pensado aí do outro lado da tela: 'não lembrava que elx era tão chato, briguentx, preguiçosx, etc.' nan!

Primeiro: somos mesmo imperfeitos e o quanto mais calmamente aceitarmos isso em nós e no outro ao nosso redor, melhor para os dois. As nossas características também incomodam e estar com pessoas num mesmo lugar interagindo vai evidenciá-las.

Segundo: a convivência tem sim seus percalços e ajustes podem ser planejados, desde que haja decisão de alguém da relação em tentar algo diferente além da convencional 'briga' que não produz mudanças, apenas machuca e eleva os ânimos.

Aqui eu não deixo específico de qual relação estamos falando: conjugal, entre pais e filhos/netos, entre irmãos, colegas de trabalho, etc. Mas você pode analisar e ver em que medida essas estratégias se ajustam a sua realidade (ou não).

Não, não estou defendendo um modo 'universalmente correto' de amenizar as convivências e também há limites naquilo que indicamos sem saber exatamente as situações concretas que você está vivendo.

Recapitulando:
- Entender as próprias imperfeições;
- estar mais sensível para compreender às do outro;
- pensar em outros modos de reagir menos impulsivos.

Já pensou em praticar alguma dessas atitudes?

Em Pleno Abril

Quarentena on
eu quase off de qualquer equilíbrio possível
- e tá tudo bem, sim. A vida é tudo, menos equilibrada, constante, rs.
Uma mensagem pra mim:
Keep going, dear!
keep doing your best, *always and forever*
Ainda que, às vezes, as SUAS expectativas não sejam vistas por você como alcançadas
Keep doing.
keep.

Sujeito, Desenhos E Ela

Sobre processo criativo em desenho: não sei o que dizem, mas conto aqui como foi desses dois. A primeira mulher que fiz foi meio no impulso, sem traços definidos, sem limites nas bordas. Gostei muito do jeito que alguns traços passavam leveza e um certo desleixo, algo inacabado, como nós mesmos, né?

Continuei a compor com mais traços e virou essa primeira mulher do vídeo. Adicionei algumas palavras, lábios e ao final, particularmente, não gostei muito... Senti que a primeira era bem mais bonita... Se fosse possível voltar no tempo e recomeçar com a primeira eu o faria sem pestanejar, mas <aceita que dói menos, Samara>.

A segunda mulher que mostro foi uma que recomecei 'do zero' em outra folha branca. Não pude reproduzir a mesma leveza da primeira <aquela perdi e não tem como recuperar, nunca mais>

Mas estão aí... Estão as duas. Vida que segue.

Depois, pensei em como essas reinvenções dizem de nós enquanto sujeitos e no quanto queremos acreditar em uma suposta essência, quando ela não existe, somos deslizantes e metonímicos desde o início. Já dizia Antonio Godino Cabas: "o sujeito não é causa, quando muito ele é causado. O sujeito é uma função".

Liberdade E O Desejo Sem Nome

Desejo sem nome,
mas nem por isso ausente em seus efeitos.
Sem nome,
e por ser justamente assim
permite que eu o nomeie de tantas formas quantas forem necessárias
para seguir com a vida,
essa estranha alguma coisa,
essa coisa alguma no final das contas.

Gosto muito dessa frase de Clarice. Ela exprime a busca por algo ainda desconhecido. Como buscar aquilo que nunca conheci? É como querer procurar por alguém sem saber o que dizer depois da frase: "oi, você viu... Fulano?" Talvez a pergunta seja para nós mesmos, mais ou menos assim: "Então, o que você quer dizer com esse desejo? Como a gente pode chamá-lo hoje?"

Sabendo que é a condição de falta-a-ser que nos funda enquanto sujeitos, é bom mesmo que esse nome não seja só um, que seja muitos e em diferentes momentos, de diferentes maneiras! Senão, estaríamos no engessamento de ter só um desejo ou melhor, por não tê-lo, desejá-lo. Só um objeto no qual nós depositaríamos nossa energia (libido). E isso é prévia de desastres tratando-se de economia psíquica, já dizia Freud!

Explico: fazer de algo ou alguém a única fonte de realizações, o único objeto de desejo nos colocaria totalmente dependentes desse algo/alguém, a ponto de que quando/se ele faltar, não existir mais, nossa libido ficará dispersa e nós teremos muito mais prejuízo (tendo que elaborar a perda desse objeto tão central para nós). O mais indicado é investir em vários objetos, e desejos, assim, quando perdemos um deles (isso é inevitável, sim!) A libido a ser reorganizada não vai ser tanta ao ponto de nos deixar atônitos! Para mais reflexões sobre o luto e essa reorganização da

energia (libido) recomendo o texto Luto e melancolia, de Freud.
Até mais!

Sobre o olhar e o desejo

Ha, o olhar...
Há muitas formas de abordar o olho e o olhar, né?
Uma delas é pela via do desejo.
Vejamos o que dizem os outros, Outros:
- "O que os olhos não vêem o coração não sente" (ou melhor, se você não viu, não vai ter como invejar, desejar ter também, sossega! rsrs).
- "Ela fechou os olhos para os defeitos daquela pessoa, ceguinha!" (Querida, talvez ela não queira justamente ver! Ver pra quê, se o que fazer com o que é visto não tá interessando no momento? Ou... Sobre o amor e o não saber de...)
- "O pior cego é aquele que não quer ver" (esse é pai do item anterior, evidencia a escolha entre o ver e o não querer ver, saber, fazer algo a respeito)
- "Olhe pra frente, senão tu cai, menino!" (Essa eu já ouvi como filha e já disse como mãe! Haha gente, a intenção é prevenir uma queda, juro!)
-"Estou de olho no senhor!" (Essa nos diz que sempre tem alguém de olho, seja quem for! E adverte para não se brincar com as regras estabelecidas, hein?!)
-"Olhos nos olhos, quero ver o que você faz... ao sentir que sem você eu passo bem demais (esse trecho de Chico é arrebatador! Sobre o encontro, sobre o confronto, enfim...)
-"Quando a luz dos olhos teus na luz dos olhos meus resolvem se encontrar..." (Esse é mais enamorada)

Deu vontade de perguntar hoje nos stories:
Cadê seus olhos?
Para quem/o quê você olha?
O que te faz brilhar os olhos?
Acho que o desejo está em todas as três questões.

Entre o olho e o olhar há uma esquize (que nos remete à: Divisão, clivagem, cisão do sujeito em relação à realidade), já dizia Lacan. Que olhar tem muito a ver com o que entendemos desse objeto alvo do olhar. Tem a ver com a nossa história, com o mundo no qual fomos falados e a partir do qual falamos...

Sabe aquela sensação de fogos de artifício diante de você só que sem os fogos? Aquela coisa que quando acontece te deixa extasiado de tanto encantamento? Isso era o que eu quis dizer com o "brilho nos olhos". Para mim, uma das coisas é pensar na docência e na formação de novas gerações de profissionais psicólogos!" É lindo de ver, às vezes me imagino nesse lugar e me mantenho motivada no que tem de ser feito para trilhar esse saber-fazer.

Sigamos, sempre com o olhar atento e forte, não é Gal? #samarapsi #olhar #desejo #psicanalise.

Série Reescritas possíveis - O início

Que dia!
dia de "bufos!"
Segura essa, querida!"
vai, anda... canta alguma coisa antes que te sufoquem as palavras
vim escapar aqui no blog
vim burlar, fazer alguma coisa com isso.
Estou... bem
ai, não sei.
sim, tô bem
tô indo.
Pra onde? Não faço a mínima ideia.
Isso é um enigma. Não sei se do mesmo tipo da esfinge... mas que é enigmático isso é.
Isso é surreal. Chamo de Isso essa experiência, não me levem a mal!
tô bem
feliz

encrencada
intimada a dizer
intimada mesmo
tô bem
vou ficar cada vez melhor
vou ficar de um jeito que nunca fiquei
só eu vou saber na pele o que vou ficar
mas querer dizer sempre acalenta
querer dizer é uma forma de existir ou continuar existindo.
venha sim, venha bem.
venha que eu canto aquela música da Malu pra você:
garanto afinação e afeto pra vida inteira.
Vou lhe assegurar poesia e música estranha, "de velho", enquanto você pode aprender com elas a gostar das coisas mais estranhas e velhas.
Por que o novo
amedronta e ao mesmo tempo faz crescer.
venha sim. Achegue-se e aconchegue-se.
tem muito de seu nesse lugar.

Revisitando palavras já escritas - Samara Fernandes em 23.05.20:

Essas foram as primeiras palavras escritas de uma mulher que soube que ia ser mãe.

Relendo hoje, compreendo por que a leitura desse poema me dá a sensação de uma respiração acelerada, meio bagunçada haha.

Quem dizia #venhasim a partir daí, hoje diz #quealegriatervoceaqui ou o meu jeito mais recente de mimar com palavras: #ôxicoisifofimamã kkkkk...

A rotina não é mais a mesma, óbvio e isso foi um ponto delicado pra mim, que sempre raciocinei levando em conta meus objetivos e planos (e depois de casada os planos a dois, também).

Mas a gente vai se adaptando, se conhecendo e chamando aqueles da tão importante rede de apoio para compartilhar né, tias, primo, prima e avós?!

Vamos seguindo e enfrentando com garra e leveza essa jornada de crescer.

Continuo dizendo: tem muito de seu nesse lugar, em mim e cada vez mais pra você ver no mundo! @ojasongabriel

Dia da Língua Portuguesa - Portuguesa, talvez, cearense, ora se não!

Dia da Língua Portuguesa - Portuguesa, talvez, cearense, ora se não! Falar português não foi por acaso.

Lembremos que o processo de colonização, tão recalcado, nos indica que conquistar novas terras era, na verdade (e ainda é, com algumas modificações), um modo de impor aos povos "nativos" o seu modo de viver e morrer, sua língua, seus costumes, negligenciando os modos de existência encontrados naquele povo colonizado, chamado por eles de "selvagem, inferior e até mesmo carentes de uma dose de civilidade".

Meu contato com a língua inglesa, por exemplo, me fez questionar por que nossa língua não é o inglês. Seria tão mais fácil, já que esse idioma hoje é a língua mundial, não é? Na escola, o verbo *to be* era rei... tenho a impressão de que via esse assunto o ano inteiro! (minhas desculpas às minhas professoras de inglês, mas temo que isso é tudo que me restou do Inglês no ensino fundamental e uma parte do médio).

Mas, deixemos de coisa, né, Belchior? Cuidemos da Língua Portuguesa falada no Brasil! e, olha, ela se transforma em muitas línguas se considerarmos o modo como as regiões e estados se apropriam dela. Sou suspeita pra falar. Minha raiz nordestina e cearense me obriga a dizer que não tem português no mundo mais bonito que o cearencês, criatura!

É uma coisa que pega a gente pela goela! kkk O cordel, as narrativas alegres e também tristes de nossa vida no sertão... não tem pra ninguém!

Quando lembro de mulheres na literatura tenho orgulho de enfatizar que Raquel de Queiroz foi a primeira mulher [cearense de nascença!] a ocupar uma cadeira na Academia Brasileira de Letras, rapaz! Já li e reli O Quinze e cada vez que isso acontece revivo a dureza e a dor da escassez ali representada. Mas a gente também tem abundância de afetos e segue na vontade de ver um ceará melhor e mais seguro, cheio de oportunidades para nossa juventude.

Que possamos celebrar a língua portuguesa cearense, que possamos escrever mais, ler mais e garantir o acesso a essa riqueza que é nosso Ceará! Vai um cordelzim aí?

A linguagem nos habita
Nos funda e fundo cogita
Falar é de uma estranheza sem tamanho
Não falar é oceano.

Uma página em branco
Esconde coisas não-ditas
Lá se vai eu ir buscá-las
Como quem arrasta-as mundo afora
A linguagem é traiçoeira, mas quem liga?
Há quem diga que ela nos (a)obriga!

Sobre os sonhos e os chistes como destinos ante o Real que nos acontece!

No entender de Ariano Suassuna o ser humano tem duas saídas para enfrentar o trágico da existência: o sonho e o riso. Ariano Suassuna e sua escrita. Arrebatadora! Dele, lembro sempre que falo e vejo o filme Auto da Compadecida. Que filme! Pérola do cinema nacional. Ariano. rima com mais humano, e não à toa ele retrata situações humanas tão bem.

Mas, o que quero escrever sobre essa frase dele (que "achei" no mar de imagens da internet e que fiz questão de guardar pra mim? e, ainda, tê-la aqui no blog junto de noções fundamentais da psicanálise? já dizia Lacan que "eu não procuro, acho" haha. Achar essas duas saídas para o que Ariano chama de "trágico" foi uma alegria daquelas que vêm e passam, bem fugazes, como é de se esperar. O trágico me cheira ao Real no sentido lacaniano do termo, sabe?. Daquilo que vem "de supetão", de repente, que nos desencadeia um desconhecido e que não pode passar despercebido, principalmente: Real que nos exige um trabalho de elaboração.

E como elaborar? Ariano entende o sonho e o riso. Esses dois modos de enfrentar me dizem de duas das formações do Inconsciente freudiano mais conhecidas, ora!

O sonho: Nada mais interessante que o sonho enquanto realização de um desejo. Inconsciente e recalcado. Lá em 1900, virada do século houve mesmo foi uma virada narcísica quando alguém soube sustentar que a vida psíquica não era tão conhecida assim, que o eu e nós mesmos não somos tão inteiros como cremos até então. Que há um sujeito do Ics, do desejo. Formado na e pela linguagem que nos instaura segundo a lógica da falta-a-ser. Não poderia deixar de dizer que no sonho dois processos se realizam para Freud: condensação e deslocamento. Mas aí são outros quinhentos, quinhões!!

O chiste, que pode estar no riso, no riso como saída para o que é da ordem do insuportável. Recomendo um texto fantástico: "o chiste e suas relações com o Ics". Quando me perguntam onde está o Inconsciente logo me vem à cabeça que ele está na linguagem! e isso desde Freud, como vemos nesse texto belíssimo.

O traumático é inevitável, o trágico está aí e se apresenta com muitas formas/nomes seja qual for a saída encontrada ou escolhida.

Dia do professor
Hoje é dia do:
- "Vamos aprender isso aqui que vocês não hoje estão com a vida ganha não! Presta atenção!"
- "Quero só ver se estão sabendo mesmo na hora da prova!"
- "Vá para coordenação agora! Perdeu o intervalo, já! (Sou da

época que chamavam de recreio, mas esquece esse detalhe que entrega a idade!)"

Quem lê isso pode achar que eu era o terror. Pelo contrário! Eu nem me mexia da carteira, bebê! Não sei por que justamente essas frases me vêm quando lembro deles, que assumem o impossível de educar formalmente alguém ou alguns.

Reza a lenda materna que desde cedo me fiz professora dos meus ursos e bonecas. Sigo com essa vontade de diálogo e formação de novas gerações. Morro de pavor desse lugar que evoca um saber a ser posto em movimento (jamais, na minha opinião, transmitido unilateralmente, numa educação bancária tal como denuncia o nosso Paulo Freire). Mas me dá um ânimo poder fazer parte da história formativa de alguém.

Já fui monitora de disciplinas em psicanálise (remunerada. Graças a um dos professores que me marca até hoje!) Fui preceptora de estágio e amo isso tudo que é acompanhar alguém no território, no campo de atuação cotidiano.

Quero parabenizar a todos os professores, desejar força e que estar nesse laço social tenha, também, suas alegrias, tenha sentido pra vocês. Meu amor, Paulo Henrique, é professor e é incrível vê-lo de perto fazendo e refletindo sobre isso que é estar em sala na educação infantil. Se eu tiver de ser também, queria encarar o ensino superior. Sei que vou ter que me reinventar e me refazer todinha pra dar conta disso. Kkk

Mas, enfim, não é fácil lidar com o saber. Ainda mais se falamos do campo do "não sabido, a.k.a *unbewusste*, a.ka. Inconsciente freudiano.

Cheirinho de bebê

Chamego.
Poesia em movimento
É tempo
É bem querer.

Carta a Bel n° 1 - hora do alvoro (mo)ço

Belchior,
Essa tua hora do almoço sai rasgando goela abaixo o que a vida em família tem de trágica e que ninguém, pouca gente, sustenta dizer e admitir.
Omitir é mais comum, menos polêmico, mas não é sem consequências.
Felizmente você estava aí no mundo e deixou registradas essas cenas que nos atravessam punhal adentro.
Como um corte.
Não um corte fatal no que ele tem de final, mas de uma angústia que se remexe em nós e que logo tratamos de acalmar nas agruras do recalque.
Como quem embala um bebê recém chegado ao mundo: que chora e se incomoda por que, estar no mundo é isso mesmo. Incômodo nos cômodos da casa e de nós.

Sobre o trabalho e o trabalhador

Para alguns o trabalho é o que dignifica.
Não trabalhar torna a pessoa indigna (de existir)?
Já Freud nos adverte que um sintoma ou situação pode ser considerada patológica quando prejudica as dimensões do amor e do trabalho.
Dessa maneira entendemos que existe uma relação entre o trabalho e a saúde mental.
Trabalhar pode ser visto como uma forma de produzir em uma sociedade cuja lógica primordial é o consumo.
Trabalhar para também consumir tem o efeito de sentir-se incluso nesses modos de subjetivação.
E quando você não sabe em que trabalhar? Quando isso é uma angústia em forma de pergunta do Outro que te rodeia e diz:
- "o que você vai ser?"
-"Qual faculdade quer fazer?"

-"Você só estuda?"
A vontade que dá é ser monossilábico e direto:
-" só?"

Quer mais trabalho que o de ser avaliado o tempo todo dividindo seu desempenho entre questões certas e erradas numa prova?

Quer mais produção do que aquela que se diz textual na qual temos 30 linhas para defender um ponto de vista respeitando as margens, a ortografia, a gramática e tudo o que rege esse português formal? Some-se a isso o fato de que estamos diariamente em contato com o uso informal, internético, e preguiçoso da língua. Lembrar dessas regras todas num texto dá o quê? Trabalho!

Trabalho é o que nos representa nas nossas trocas com o outro, o que escolhemos produzir apesar do cansaço, da sobrecarga diária. Tem a ver com produto e produção. Escolhê-lo ou pelo menos buscar fazer algo que tenha mais a ver com nosso desejo nas condições cada vez mais precárias de existência: Se isso não exigir um trabalho (de elaboração, também) não sei o que dizer.

Se você tem algum adolescente em sua vida e ele está neste ensino médio ou estudando e iniciando na vida laboral propriamente dita ajude, apoie e escute!

O velho e a flor - o que é o amor em Vinicius de Moraes

Esbarrei com a música O velho e a flor - Vinicius de Moraes
já tinha ouvido Vinícius incansavelmente, mas essa foi nova!
como nunca antes tinha encontrado essa pétala em forma de som? Pensei e escrevi:
Que lindo!
Se pudesse diria apenas isto e já seria suficiente.
Será?
Jamais!
o velhinho falou o amor é...

e sai deslizando em sensações, possibilidades e significantes.
Tudo que posso dizer é que isso me lembrou o fato de que um significante,
é vazio de sentido e sempre esta aí se ligando a outro e outro e outro até ao infinito e além (Buzz lightier, é você? Rsrs)
Curioso é que o Buzz de Toy Story é um boneco herói astronauta... Isso me lembra outra poesia musicada do mesmo Vinícius, mas vamos deixar essa do astronauta pra depois.)

O eu lírico queria uma definição (definitiva?) do amor
Fala em esperança. Ô palavra gostosa de debulhar, nan:
Quem tem esperança espera?
Esperar é ficar de braços cruzados ou também pode ser procurar?

Não sei. Mas há uma procura aqui.
O poeta e o rei não puderam lhe ajudar nessa saga, rapaz.

Fiquei curiosa por que é justo a poesia a que mais se aventura em dizer do amor!? e dessa vez não soube ser útil. A arte mesmo em suas infinitas formas bordeja algo de indizível.

E, por que o rei?
Fiquei matutando. O rei saberia do amor por estar num lugar diferente do "homem, mulher, ser comum?"

Falando em ser humano comum temos nosso herói aqui:
o velho. O velho e a flor já produzem aí uma construção que acalanta aquele que busca em sua ânsia de definir.
e ele chega a dizer que já queria até morrer (definhar?)
Diante da falta (!) de algo que lhe coubesse no vão do amor,

Ele sossega de querer morrer
Talvez para digerir esse mar de sensações singelas que o velho lhe traz com a flor.
Sossega.
por enquanto, eu diria.
E o que é o amor?

O amor é uma Coisa.
Samara Fernandes (02.11.20)

Mãe

feliz aniversário
sua existência possibilitou a minha:
isso é origem.

Suas palavras me ajudaram a encontrar as minhas
e nessa busca ainda estamos
todas nós
por que a palavra final?
Não temos.

Mas as que temos e as que achamos ter
- embora desconfiadas que não -
nós damos:
isso é amor.

Luto luta

Sobre o vazio deixado.
Luto
Esse fazer da perda algo mais que um buraco

Lutar?
Transformar luto em luta é uma possibilidade
Dentre tantas, tantas e tais
Organizar o aniversário de quem já não vive
Luto.
Ignorar quem lhe adverte que, em vez do aniversário,
Há que se organizar a missa de x dias, ou a homenagem entre os amigos e entes queridos

Luta
De seguir adiante com esse plano

Libido
Que não quer voltar pro eu
Insiste
Luta a todo custo em não desligar do que foi perdido

Desligar
Por que a saudade é
Como diz @chicobuarque

"Pior tormento
do que o esquecimento
Do que se entrevar"
É um pedaço de mim
Pedaço do eu?
Adeus.

@samara.psi [02.11.20]

Amor

é acordar e agradecer
é calcular que tantas coisas poderiam ser diferentes
e se ao menos uma delas fosse mudada
talvez não tivéssemos nos encontrado.

nan
nem pensar nisso
não é como ausência de problemas
é certeza de que
embora venham
só a gente vai ficar (bem).

Doce, docê, do ser

O seu doce predileto, eu fiz
docê quero sempre levar o sorriso, uai!
do ser alguém, sei pouco

ser alguma coisa é algo que a gente persegue tanto, não é?
para, em algum momento,
dar-se conta de que o que somos é o que menos sabemos
que é movimento, é produção no sentido de processo
Se há algum produto nisso tudo é o doce que fiz com afeto e açúcar
para mim. Para mais ninguém.

Oquenãodito ou OQNDT

Há
Responsabilidade
no que digo e
Também no que deixo silenciar
Ar.

O que não digo reverbera
Embora ausência
Som
Faz presença
Em mim
Fim.

Uns chamam de dor
Outros, sintoma
Que o remédio é aquele
Aquela é a forma de tratar
Aquilo é o que se faz quando...

Eu digo que é isso
Coisa
Dito
E, embora não possa inventar
Um nome final
Isso existe,
Insiste,
Tchau.

Traço

Sou traço tímido e tonto.
aos críticos: meu endereço é esse isso e aquilo
não sei ser só Um.
Sou uma nota meio fora da harmonia
toda fora dos outros de mim, eu diria
em tamanho desafino desconfio:
sina destino.

#reescritaspossiveis

Como viver uma experiência de universidade PÚBLICA e de QUALIDADE em função de um dia?

A colação de grau, o diploma representado por uma folha em branco (por que a gente vai na prograd só depois e efetivamente recebe o dito cujo rs!). Hoje, anos depois, penso que vivi demais olhando para esse dia. Talvez pudesse ter feito diferente, mas, quem nunca?

E digo aos navegantes disso que é x universitárix que aprecie, deguste mesmo porque que esse momento passa. Já me peguei caindo de sono madrugada adentro para entregar um trabalho (nome mais adequado que esse, impossível) por email. Também chorei e encontrei em uma amiga a escuta que precisei naquele momento.

Ri, vivi e me pelei de medo em certos momentos maior exposição pública (seminários, apresentações nos encontros universitários, naqueles banners enormes, em slides). Comi no r.u. mais do que não sei o quê! As lasanhas de Natal eram um agrado em dias de fim de semestre. Esses fins de semestres, vou nem falar aqui!

Formação. Formação tem a ver com muitas coisas. Saber-se estudante e faltante nauqilo que mais lhe captura em seu desejo de saber-fazer. Estar às voltas com o que chamamos de 'autorizar-se' enquanto um percurso no qual a análise pessoal é fundamental. imprescindível, hoje entendo isso nas entranhas de minhas experiências mais recentes.

A análise como algo imprescindível me lembrou uma noção que vem de outros campos, ou seja, a própria definição de valores aplicada a uma organização. Valores nesse contexto organizacional seria aquilo que é inegociável, do qual não se pode abrir mão sob o risco de consequências sérias. Está aí uma ideia que me parece viável para representar a importância da análise pessoal, indispensável.

É incrível dar-se conta dessa potência que é investir em formação contínua, naquilo que lhe interessa saber e que nos faz questão porque justamente isso ter a ver com nossa história e nossas saídas diante da falta e do Outro. Que não cabem no papel timbrado, mas, curiosamente, ele é causa de um percurso que não termina cinco anos depois. [Escrito em 12.11.20 no IG @samara.psi]

Memórias, mamórias de uma mãe

Amorzim
Cabeludim
Você cresce
E aquela meia fofa não lhe cabe mais

Sua blusa do ACDC ficou pequena, mas guardo
Como me desfazer de uma testemunha de um tempo em que você mal sabia sentar-se?
Das pequenas perdas que só as fotos podem nos lembrar
Memórias de uma mãe que mal acreditava quando leh diziam que 'passa rápido'
esse tempo com você enquanto um bebê.

é verdade
que intimamente cheguei a pensar e esperar que passasse rápido
mas as coisas foram se acalmando
a gente se refazendo

ajustando a rotina e a sutura que é o antes e depois de você
e agora me vejo separando as roupas que não lhe cabem mais
reclamando dos sapatos perdidos tão logo foram comprados
sim, aquele seu all star fofinho que você pouco usou
Não fosse a foto que tirei você não teria como ver o tamanho do seu pé, como era

por que você cresce, e é grande
meu grandão
daqui a pouco vai estar maior que eu! - digo brincando-sério.
essa questão de altura já me tocou tanto - eu, com meus 1,59cm quase 1,60cm - quase
não importa a altura, sua ou minha
importa que eu tenha sempre um colo, ouvido e memórias para te dar.

F l o r

Ela caiu
Eu quis vê-la sempre aqui
Xis.

Edição

se escrevi uma história nesses anos vividos (vívidos?)
reescrevo agora com o que me é possível
invenção.

Dom Ingou

Domingo, meu bem
Dia de fôlego
Retomada
Caminhada
sem esse respiro
piro.

É Pau, É Pedra, É Dia Do Músico

Um viva a todos que fazem nascer a música no mundo! Fazer nascer alguma coisa nesse mundo não é tarefa fácil, rapaz! Tem que estar pronto, e atento ao que vai vir.

Uma nota aqui, outra acolá.

Uma música é uma obra, encanta, alegra, faz chorar, pensar.

Uma música é poesia com algo a mais e faz agrado aos ouvidos. O músico, o ser que faz tudo isso existir e escolhe levar adiante esse desejo.

Que seu valor seja realçado nos quatro cantos da vida, da flor E do som!

Corte

Com essa palavra e esse texto - recém escrito - finalizo este livro - com todos os alvoroços que isso me desencadeia.

Há alguns dias tive a ideia de tirar uma foto do lugar em que uma árvore teve um de seus seu galhos/troncos cortado.

Porquê? Quando finalmente fiz a fotografia olhei e concluí que é isso que acontece na vida e no Real em causa de viver. Vamos cortando e sendo cortados de várias formas. O corte é preciso para podar as pontas secas que vão dar lugar a galhos mais sadios e mais fortes, quem sabe? ou apenas crescerão galhos, extensões diferentes.

Ele instaura um antes e depois, no sentido lacaniano do termo. Pensemos no corte de uma sessão de análise que é quando há uma interrupção, por parte do analista, daquele fluxo de associações experienciado pelo paciente. O que ele produz? vai depender do que estava 'em jogo', naquele momento.

A imagem da árvore me traz uma sutileza: lá onde algo foi cortado há a presença da ausência, ou seja, há um vazio daquilo que estava e não está mais. E o que vemos? uma borda que se forma em volta. Essa borda me evoca a nossa tentativa de falar sobre o que se apresenta justamente pela sua ausência.

Diferente da árvore, temos a linguagem que nos ajuda nesse trabalho de "fazer borda" em torno do que não tem como ser completamente capturado, mas há um resto que nos escapa, sempre.

Um exemplo simples é a perda de algo ou alguém significativo para nós. Como explicar? dar sentido aquilo que a princípio, nem acreditamos ter acontecido? Esse Real nos invade e, ao nosso modo e aos poucos, fazemos essas costuras necessárias com as palavras e os recursos simbólicos que nos são possíveis.

A vida pulsa no passo daquilo que temos como nosso desejo imprescindível, inevitável de tão estrutural. E ela tem a ver, também, com o trabalho de invenção.

O que inventar com esse fazer e falar diante do que nos acontece, quer queiramos, quer não.

ABOUT THE AUTHOR

Samara Fernandes

Meu nome é Samara Fernandes, nasci em Fortaleza-CE, filha de Francisca e Erivan, irmã da Erivânia, desde 2019 nasci mãe do Jason Gabriel (oxicosimafofimamã). Sou psicóloga (UFC-Sobral -2016) e especialista em Neuropsicologia e Educação Infantil (UCAM-2021). Desde a adolescência comecei a escrever e em 2012 criei o blog com meus textos. O nome foi mudando e hoje se chama oquenãodito. Por dois anos eu parei de escrever e retornei em 2017. Esses dois livros são o início de um projeto antigo, mas que me representam em cada detalhe. em ju7nho de 2021 comecei minha loja @oqndt.shirts onde transformo desenhos e palavras do livro em t-shirts, canecas e etc. Essas linhas foram minhas até agora, e hoje compartilho com você. Pode vir, pode chegar!

Lightning Source UK Ltd.
Milton Keynes UK
UKHW021926071022
410079UK00011B/647